向大野新治

[著]

議

会

学

[増補普及版]

吉田書店

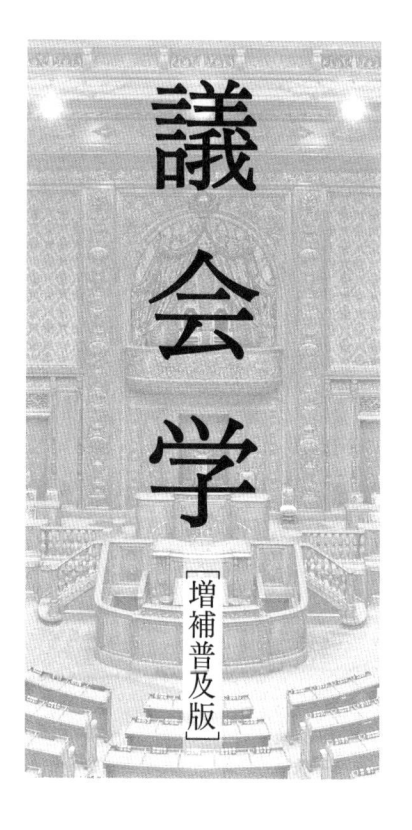

増補普及版　はしがき

本書初版を出版してはや六年になる。この間、筆者は、衆議院事務総長を退任し、今日まで学習院大学で教鞭をとる僥倖に恵まれた。これも、同大学法学部の先生方、とりわけ福元健太郎先生（現東大教授）と野中尚人先生には大変お世話になった。この場を借りて、改めて御礼申し上げたい。

これまでの議会制度に対する研究アプローチは、日本の国会をよくしたいとの崇高な目的を持って、国民が素朴に疑問を感じていることに、諸外国の議会制度との比較の中から、解決策を提示するというものであった。このこと自体は、すばらしいことであるが、あまりに理想論に傾斜しすぎて、ときに、国会の現況を必要以上に貶める傾向が見られたことも事実である。筆者は、その点に関しては、残念だと言わざるをえない。

筆者の議会制度を研究する目的、授業に対する思いは、実務での経験を大切にしながら、これまでまだまだ研究不足だった世界の議会について、価値中立的に紹介することであり、この姿勢は本書を初めて執筆したときから変わることがない。

今回、吉田真也さんから、改訂のお話をいただいたとき、やはりこうした中立的な概説書はずっと必要とされるという共通の思いを感じることができ、現在までの研究成果を反映させることにした次第である。

特に、今回は、「党議拘束」や「事前審査制」について、これまでの通り一遍の解説をやめ、筆者独自の考えを中心に記述することにした。私の問題提起がさらなる学問の発展に寄与すれば幸いである。

最後に、本書の改訂に尽力していただいた吉田書店の吉田真也さんに改めてお礼申し上げたい。

二〇二四年四月

向大野　新治

初版　はしがき

筆者はこれまで何冊かの本を執筆する機会に恵まれたが、それらの本を書いたのは、筆者が議会（国会）やいわゆる政治というものに現実に触れたり携わってきた立場や経験から、それらのありのままの姿を広く知ってもらいたいという思いからであった。

今回、吉田書店の吉田真也さんから、本書を執筆する機会をいただき、これを受けたのも、これまでと同様、そうした意図からである。

学問や報道は、社会等に潜む問題点を探し、これらを多くの人に認識させ、その改善を促したり、何らかの改善策を提示することが使命である。ところが、学者やマス・メディアの論調の中には、往々にして理想論ばかり振りかざして、現実の統治を否定的に評価し、その統治がよりよい方向に向かう方策の一つとして制度改革論をからませることが少なくない。筆者からすれば、現実の統治の仕方と制度論とが混同されている感が否めない。

今回、唐突に、第1章で「統治上の意思決定をするのは誰か」と問いかけたのも、デモクラシー＝皆で決めるという高邁で美しい理想論は、多くの人たちがうすうす感じているように虚像であって、これにいつまでもこだわって現実に消極的であり続けては、政治学の展望は開けないということを読者に知覚してほしかったからである。筆者は、近代デモクラシーとは、「統治者を制約する政治の機能、特に国民が等しく参与できる統治者に対する選挙やその構成員を選挙できる議会がいかに統治者の考え方や行動を制約して最善の統治へと向かわせることができるか」ということだと考えており、こう考えてこそ、議会のあるべき姿が正しく理解できると思っている。そして、これを前提に、以降の項目を解説している。

なお、本書では、これまで出版してきた本だけでは足りなかった部分についても、より詳細に記述しており、読者の関心をかきたてることができるものと思う。具体的には、第3章以降は、議会の成り立ちや議事堂の建設、また我が国国会を中心に、その仕組みや由来等を記述しているが、これらは、議会学、国会学として独立した学問ともなりうることを読者にわかっていただけるものと自負している。

最後に、改めて吉田真也氏に、今回の出版に関して多大のご支援をいただいたことに、心から感謝申し上げたい。

二〇一八年二月

向大野　新治

議会学〔増補普及版〕

目次

図版・写真出典

共同通信社　五〇頁
毎日新聞社　二一五頁
国立国会図書館ウェブサイト　九一頁
『国会議事堂　新ガイドブック』（衆議院事務局編）　五七、六〇、六一頁
他は、著者所蔵の資料、著作権保護期間が満了したもの、またはパブリックドメインのものを使用した。

第1章

統治上の意思決定をするのは誰か

1　王政、貴族政、民主政の由来

人は誰しも自分で考えて意思を決定する。無論、もし他の人が身近にいれば、その人に相談して決定することもあるが、それでも、最終的な意思の決定は本人自身が行うものであり、その責任もひとえにその人にかかってくる。

これが組織や団体といった複数の人間からなり、かつその集まりが単なる不特定の群衆ではなくて、一定の利害や信念、目的といったことで結びついている場合は、無論、絶対的な指導者がいて、その人が全て自分で決めるということはありうるが、一般的には、団体の性格や目的に基づいた大まかな方針を定めた何らかの規約があって、それに沿って全体もしくは代表による会議体で決めるというのが普通の理解である。しかし、それでも、日々活動している団体が、よほど小さくて小回りがきくというなら別だが、普通なら大小さまざまなことをいちいち全体会議や代表による会議体に諮って決定することなど物理的に不可能である。そこで、そうした規約の下で、一部の練達な人たちに、その団体の運営をゆだねるということになる。これは、統治の世界も含めて、人間の営みに関わるどういう場合においても、歴史上、どの国でも、どの団体でも共通のことと言っていい。

要は、物事を決めるにあたっては、一人か、もしくは構成員全員か、無論、それでも全てというわけにはいかないことが多いので、実態としては少数の選ばれた人たちで意思を決めるという三つの場合があるということである。しかし、それは単に決める場合の参加者の数の問題であって、決めればそれで済むという話ではない。決定に構成員全員を従わせるためには、単に数だけではなく、意思決定者たちに何らかの強制力があることが必要であり、それは「世襲による権威の継続」であったり、「カリスマ」であったり、「武力や財力」あるいは「選挙による正統性（もしくは選んだ側の「自己責任」）」であったりするわけで、だからこそ、一人の場合は、王による統治（王政）となり、全体となると、年齢や性別といった制限はあるもののそこの民衆全体による統治（民主政）となり、複数の人たちの場合は、一定の財産や武力、系脈に加えて知見や経験を持った人たち（ノブレス）の協力（合議）による統治（貴族政）ということになるのである。

2　民主政において統治上の意思決定は可能なのか

まず第一に民主政を取り上げると、これは、構成員全体が平等に意思決定過程に参加し、そこで自由に議論して、多数決で決めることを内容とする。これがもっとも理想的な意思決定方法であり、現在のわれわれも民主政に普遍の価値を見出し、これが最善の統治の方法だと考えている。

しかし、ここには、二つの大きな問題点がある。一つは、現在の民主政が本当にそれを内容にしているのかということであり、もう一つは、この手続きの理想と現実には大きな乖離があるということを往々として失念していることである。

第一の点を言うと、そうした手続きを採用するのは直接民主政であって、現在のようないわゆる間接民主政には採用されていないということである。代表によって意思決定を行うという形は、どちらかと言えば、貴族政の範疇に入るものである。なぜ、現在は構成員全体による意思決定方式を採らないかと言うと、これが第二の問題になるが、以下に述べるような理想と現実との間の大きな乖離があると考えられているからである。

その乖離の第一の点は、言うまでもなく、物理的、時間的に全員が集まるのが難しいという点である。では、どこまで集まれば意思決定が許容されるのかということになるが、あまりに少なければ、正当性が否定されることになりかねない。正当性が認められる割合を決めることが難しい上に、たとえ決めえたにしても、当然膨大な数の参加が必要であり、改めてその必要性やそうした人数を集めるコストの負担といった問題が出てこよう。

第二は、即応性の問題である。日々変わる事態に対し、いちいち膨大な数の人々を集めきれるかということがある。問題をわずかなものに限定してしまうと、自分たちで決めていることにならないと言わざるをえない。

第三は、多くの人が集まった場合に、手続きの適正な遂行ができるかということである。人が多ければ多いほど、意思決定にいたる一連の過程を粛々と混乱なく進めることは至難の業である。

第四は、皆で決めればいいと言ってしまえば簡単だが、たとえば、議題をどういうものとし、どう諮るかといったことも、予想外に難しい。よく国民投票等で事案を極力簡素化して諮っているが、一切の条件も付さないで一つのことだけ決めてしまうと、事態が予想外の方向に行った場合に身動きがとれなくなる。実際の統治には、大変な労力をかけて、さまざまな情報を集め、分析し、事態に応じた解決策を複数用意することが必須だが、こうした決め方は、全体会議にはなじまない。

だが、こうした物理的な条件だけでなく、われわれ主体そのものにも問題がある。ここには、誰もが意思決定過程に参加でき、議論ができて、正しく判断することができるという大前提がある。それは、大きな幅はあるにせよ、一種の同質性があることになっているが、人間には能力、教育の素養や公共意識、意欲、責任感等に厳然とした差が存在することを忘れてはならない。

そこで、第五の点としては、コミュニケーションの能力を挙げたい。多くの人は基本的に内向きで、あまり知らない人の中でのコミュニケーションをとることは苦手であり、自分が主張することに自信を持てなかったり、緊張ゆえに忌避したくなったりして、期待どおりに意思決定手続きを進めることは大変難しい。たとえ、それなりに能力がある人が集まったにせよ、論点があちこちに飛んで、まとまらないことが多い。

第六には、責任感である。人は複雑で、自分が除け者にされることを極端に嫌う一方で、何らかの決定の責任を背負わされることも嫌うのである。会議が単なる雑談ならいざ知らず、統治には利害等がからむ場合が多く、こうした一種の修羅場に巻き込まれることを、普通の人は好まない。できれば責任からは逃げたいと思うことが多い。どうしても逃げられず、何か発言しなければならなくなったときは、往々にして平静を失い、怒鳴り合うことも少なくなく、話がつかないことは多々ある。これは、一部の公聴会等に見られると聞く。無論、そこまで激情に走らなくとも、それでも決定の責任の重さに過剰に反応し、鬱のような状態に陥る人が少なからずいるのも厳然たる事実だ。

これに関連して指摘したいのが、第七としての人々の公共性の問題である。議員等の代表者なら、まだ自分を支持する人たちのことも考えるが、一般の人々の多くは、物事を決める場合に、自分の感情や利益、あるいは独りよがりの論理だけで行動する傾向が強い。たとえば、古くなったマンションを建て直したい場合に、所定の割合の住民の賛同を得なければならないが、どんなに古くて不便で、危険性が指摘されても、そう簡単に建て直しに皆が賛成するわけではない。これまでの愛着だったり、建て直しの費用だったり、家族や近隣との関係だったりすることもあるが、自分勝手なことしか言わない人も少なくないのである。

では、代表者ならそれなりの公共性を持って話をまとめられるかと言えば、これも、通例は自分のバックにいる人たちのことを考えるのに手一杯で、多少なりとも犠牲を引き受けざるをえない妥協まではできない人が大半である。これは、本章の3で述べる貴族政（あるいは代表者による会議）の場合でも同じである。

こうした問題は、なかなかいわゆる「ヒラバ」では解決しない。議論が激してにっちもさっちもいかなくなることが多いのである。それこそ、一部の有志たちが裏で反対者に丁寧に説明し、懸念を一つ一つつぶしていって初めて、かなりの時間の後にやっと解決するのである。これには、幼稚園や病院・火葬場・ゴミ焼却場の建設等、枚挙にいとまがない。

しかし、事は、単に人々の性格とか平常心だけで終わる話ではない。第八として、人々の関心の度合いもあるだろう。そもそも多くの人は、自分の関心のないことに関与することは面倒くさく、政治なんか誰か好きな人にやってもらえばいいと考えているのである。

実は、理想と違って、現実的には、全体会議自体を開くことも難しいし、たとえ開けても、それがスムースに運び、いい結論が出されるかと言えば、これも至難の業なのである。せいぜい一緒にいたのだから、自分が嫌でも、ここで出た結論には従ってもらうよ、文句は言わせないよといった脅しくらいしか利点がないと言っていいほどである。実際、本当に民主主義的手法がいいというなら、統治の領域に限らず、どこでも採用されていていいはずである。しかし、構成員全員が参加して、理想的な手続きで物事を決定している組織や団体など、ほとんど存在しない。たしかに、会社や団体には、構成員全員（と言っても、肝心の従業員は除かれているが）が参加することを前提とした最高意思決定機関としての株主総会や社員会等が規定されているが、これらは、日々の運営に携わるものではなく、執行機関からの提案に承認もしくは不承認を与えるだけで、何らかのリーダーシップを発揮して次々難題をこなすというものではない。それらの提案も、規約の改正（たとえば目的の変更とか財産の処分等）だったり、執行機関の人事といったもので、執行機関側に委ねるのが適当ではない問題に限られている。株主総会等に諮るのは、各構成員に責任を持たせ、従わせることがメインの目的であると言っていい。

こうした「皆で決める直接民主政」は、よほど小さな国で、ほとんど何も起こらないところなら、機能しえたかもしれないが、それなりに歴史に名を残すような国が登場した時代には、このような統治の手法はもはや不可能だったに違いない。われわれは、「デモクラシー」の起源を紀元前五世紀頃のギリシャのクレイステネスの改革に遡らせるが、おそらくその時代においても、もはや皆で日々のことを決定する純粋の「民主政」など存在しえたはずはない。実際、一定の年齢以上の男子で構成される市民集会が最高意思決定機関だったと言っても、そこでの議題は、戦争の開始を決定したり、英雄を顕彰するといった重大なことや儀式的な特定の事柄に限られ、日々のことは、その集会で選ばれた任期一年の一〇人によって構成されたストラテゴス（strategos）が担うことになっていた。つまり、古代ギリシャに生まれたデモクラシーも、純粋に民衆全体で何でもかんでも決めるという直接民主政ではなく、一部の人だけでは決定の責任を背負うことができない重要なものの決定には与るものの、それ以外は基本的に委託を受けた少数の人々が決めるものだったと言っていいだろう。

無論、当時の人々がデモクラシーに関して、直接民主政とそのような態勢とを厳格に区別して考えていたわけではないだろうから、概念的には直接民主政、実際には、今まで述べてきたように、大きなこと等を民衆の集会で決定し、日々の運営は少数者に委ねるものだったに違いない。全構成員が参加した上での自由な議論と多数決による意思決定というのは、現実的には不可能な理想論なのである。こう考えると、実際には、統治上の意思決定は、一人もしくは少数者の会議体の二通りに限られるということになるだろう。

3 王政及び貴族政

王政とは、要は一人の統治であるが、何らかの権威を持たなければ、人は従おうとしないので、「王」という世襲やカリスマ等によって統治の正統性を与えられた者が統治するということである。古代ギリシャのソクラテスらは、この一人統治こそが理想的と考えた。その理由はどういう事態にも機敏に対応できるということに尽きる。しかし、統治者は誰でもいいというわけではない。つねに正しい判断をすることが求められる以上、神の支配にも比肩できるものでなければならず、哲人が支配すべきであるとした。

一方、貴族政は、それほど多くない人たちの合議による統治である。一人統治に対するメリットなり優位性は、構成員が相互に監視・牽制でき、組織の暴走を防ぐことができるとともに、より多くの知恵が出てくる可能性があることである。そして、これも、他の人を従わせるには、何らかの権威なり正統性が必要であり、たとえば、メンバーが部族の長なり長老、あるいは、他をしのぐ財力や武力を持った人たち、長年の名家出身とか、または、選挙による選出によって正統性を付与された者でなければならなかった。その点で、現在のデモクラシーの概念たる議会制度は、先述したように、形の上では、国民の選挙によって選ばれた選良の合議による統治として、この枠の中に入れるべきものであろう。

ただ、どの程度の合議体かと言えば、やはり数百人単位では、民主政においても指摘したように、即応性の点で大きな問題がある。日々の統治におけるさまざまな問題に対応するなら、せいぜい一〇人程度の会議体でなければなるまい。

では、議会もそうだが、数百人単位で存在する会議体は、もし国家や企業・団体等の統治上・経営上の意思決定をしていないとすれば、何を目的としてどういう意思決定を行っているのだろうか。

たとえば、企業等を見ると、形式上、株主総会とか社員会が最終意思決定機関、取締役会とか理事会が日々の運営機関だと位置づけられている。ただ、株主総会や社員会は年に一回程度しか開かれない上に、取締役会等が提案する限定された問題に関する議案等に賛否を示すだけで、基本的には取締役会等がその組織を統括していると言っていい。しかし、近年では、さらに取締役会と執行機関とに分けて、執行機関が事態に機敏に対応する一方で、取締役会の方は、社外取締役を取り込んで、より監督機能を強める方向に進んでいる。実際、取締役会等も、それほど頻繁に会議等を開いているわけではなく、定期的な業務報告を受けたり、何かの節目に代表取締役らを選任したり、あるいは、何かが起こったときに、社長なり理事長らが提案する対応策に対して事後承認（もしくは不承認）したり、結果が悪かったら、その責任を追及するといった経営監督を主要な職責としている。

現実にその都度経営上の判断を下しているのは社長や理事長らであり、会社等によって程度の差はあるが、一般的には「現場」（担当の執行役員も含めて）と協議して最終的な決定を行っていると言っていい。

こう考えてくると、一人もしくは少数の人々によって統治的な意思決定がなされ、これをより適正なものとし、最終的なオーソリティを与えるために多人数の機関が存在し、具体的には、監督や責任追及を行っていると考えるのが適切だろう。これは議会にも言える。

さらに着目しなければならないことは、実は、そうした少数の人々（一〇人程度）による合議体も、皆が自由闊達に十分に議論し、多数決で決めるということはほとんどなく、大半は実質的に社長や理事長らが意思を決定しているという事実である。それでは独裁ではないかと言われそうだが、①一般的に構成員が平等である場合、会議体が機敏に的確に結論を出して、事態にうまく対処できることはほとんどなく、会議というものは、その中に秩序なり序列があるからまとまるということ、②本章の2でも触れたように、会議の構成員たる各代表者は、その背後に担当部門の意見があるわけで、自分の部門に犠牲を強いるような妥協は容易に受け入れがたく、「ワル者」になりたくないとの心理が働き、主張はするが、最後は社長等に決めてもらって、その責任を背負ってもらいたいと願うという二つの一般性があると、筆者は考えている。だから、最終的には、責任を負うリーダーの意見がもっとも尊重され、それに基づいた対応がなされることになるのが、どの会議体でも言える「文化」なのである。無論、それは、構成員全員がリーダーの顔色を窺い、何でも絶対服従しているというわけではない。当然のことながら、構成員がリーダーの考えの問題点を指摘したり、修正案や代替案等のさまざまな提案をすることはあるのだが、それでもリーダーが最終的に自分の責任でやると言えば、それに従い、一体となってその決定の実現に邁進するというのが、普通の組織体のあり方なのである。つまり、会議というのは、純粋に構成員が自由に考え、発言して何かを作り上げていくというのではなく、リーダーの考えを公表し、それをオーソライズさせるためのものと言っていい。こう考えると、少数の人たちの合議の場合も、結局は一人の人が判断していく形に収斂していくと考えていいだろう。

これは、統治の場面も同様で、統治者の数によって、「王政」、「貴族政」及び「民主政」に分けられたけれども、実際には、いずれの場合も実質的統治者（意思決定者）は一人に収斂していくのである。このことに気づくことは、政治学研究の上でもっとも大事なことである。多くの学説は、ある意味理想的な人間を主体として理論を組み立てており、全体性やそこでの議論の自由性等に大きな価値を置いているが、実際の人間社会は全く違うものであり、そうした理想論を前提とすると、議会の真の役割等は理解できないと言わざるをえない。

第2章

政治とは何か

1　政治の定義

我が国に限らず、どの国においても、「政治」と「統治」とは、ほとんど同義で捉えられている。無論、その「ほとんど同義」の程度をどう考えるかは人によって千差万別であり、それゆえさまざまな定義が存在するゆえんでもある。

まず、「統治」だが、こちらは「統治者」と言うように、国土や人民を支配すること、国家を維持すること、日々国家の運営にあたることといったことを意味すると思われる。

一方、「政治」だが、こちらは、その主体と客体、その目的、そしてそれを実現する手段なりプロセスといった要素をどう考えるかによって、これまでその定義が変遷してきた。かつては、単純に

「統治」とほぼ同趣旨の国家活動と捉えられていたようだが、しだいに、統治の上部的なもので、かつ単なる機関的なものではなく、権力をめぐっての人々や団体等の間の協調や対立の動きと考えられるようになった。権力行使の主体がさまざまな人間や団体等からなっていることから、必ずしも一体的なものではなく、同じベクトルを持って行動することもあれば、相対立することもあり、こうした主体間の行動に着目した政治過程論が主張されるようになったのである。さらには、権力行使の対象者たる国民や弱者の側にも着目し、その中での協調とか対立の動き、また、逆に彼らから権力行使者側への働きかけ等をも取り込んで、政治の概念が考えられるようにもなった。ロバート・ダールは、コントロール、影響、権力、権威をかなりの程度含む人間関係の持続的パターンだとする（ダール、一九九九年、四頁）。

こうしたプレーヤー間の動きは、互いに影響力を行使しあって自分の利益の極大化を図るためのものであり、それらの行動の結果として利益の配分がなされることから、そこに着目して、デイヴィッド・イーストンは、社会の諸価値の権威的配分だとする（イーストン、一九七六年、一五一頁）。

無論、ここまで詳細に定義づける必要はないが、いずれにしても、現在では、「政治」とは「統治」の上部構造のようなものであって、国家意思の決定、ひいては利益の配分をめぐる関係者等の動きといったものだと考えられているのは、世界各国でほぼ共通だと言っていい。かつてほど一体的に捉えられているわけではないにしても、やはり「政治」と「統治」がかなりの程度同義性を持っているのは事実である。

だが、筆者は、「統治」と「政治」は全く違うものだと考えている。これらの言葉の語源を調べてみると、「政治」と「統治」とは、幕末から明治にかけて、それぞれ politics と government にあてられた訳である。これらの言葉は、その由来も全く違うもので、まず、politics だが、これは古代ギリシャの都市国家を意味する「ポリス」を語源とするものである。古代ギリシャの碩学たるプラトンは「ポリティア（国家）」を著し、その弟子アリストテレスは「タ・ポリティカ（政治学もしくは国家学）」を著したが、前者は、そのまま訳すと、国制あるいは組織面からとらえた国家といった意味であり、後者は、ポリスやポリティアをめぐる諸々のことといった意味合いである。内容的には、前者が、国家の最大の存在意義として正義の実現を挙げ、これを実現する国家の守護者、つまり統治者としてはどういう人がいいのか、それは一人がいいか、あるいは多数がいいのかといったことや彼らをどう教育するのかといったことをテーマとするものである。後者は、ポリスの目的が何らかの善を実現することである以上、そのための国制はどういうものがいいのか、そして、人々もどういう学問を学び、それをどう活かしていったらいいのかといったことをテーマとするものである。つまり、どちらもポリスを統治するにあたって、それが市民に大いなる恩恵を与えるには、どのような人たちが、どういう形で、どういうことをしたらいいのかを追求したものだと言っていいだろう。単純に言うと、ポリスに関わる上記の言葉は、統治をいかに最善化するかを探求するものだったのである。

一方、government は、もとはギリシャ語の kubernân で、船の舵を取ることを意味していた。これがラテン語の gubernāre となり、その後に government となった。つまり、国家の舵を取ることが統治というわけである。そこには、国民を一つにまとめ上げること、そして、彼らが進むべき方向を示し、実際にその方向に向かわせることといった意味が表されている。

筆者は、こうした歴史的経緯を踏まえると、「政治」とは「統治」を最善化するための仕組みや行動、考え方等を表すものと定義づけるべきだと考えている。

なお、現在、government というと、一般的には、「統治」というより「政府」と訳される方が多いが、これは主体に力点を置いた定義の仕方である。ただ、この「政府」の定義も国によって異なり、モンテスキューの三権分立論を素直に受け入れたアメリカは、立法府、司法府、行政府全てを包含するのに対し、ヨーロッパでは、もっぱら行政府を意味することが多い。これは、議会の歴史に即したもので、議会はもともと政府（統治府）に対して外在的な存在だったからである。

2　どのようにして統治の最善化を図るのか

では、統治の最善化は、どのようにしてなされるのだろうか。

まず第一に、主体の面から考えると、統治者が一人がいいのか、限られた数の人の合議体がいいのか、あるいは全員参加の会議がいいのかという数の問題がある。つまり、第1章で述べた主に三つの統治形態、「王政」、「貴族政」及び「民主政」の分類である。

一人統治のメリットは、機敏な判断ができる、どういう事態にも対応がとれる、責任も明らかであるという点にある。一方で、限られた数の人の合議がいいのか、あるいは全員でやるのがいいのかというのは、「三人寄れば文殊の知恵」ではないが、思わぬ知恵が出ること、暴走や独りよがりを防ぐことができること等がメリットである。ただ、その場合も、数が少ない方がより一人統治に近く、機敏な対応が取りやすくなる一方で、構成員が拡大する場合には、機敏性は犠牲になるが、自分で決めたことは自分の責任という側面が強く出、全員参加のときにその拘束性がもっとも強くなると言っていい。

しかし、これも同じく第1章で述べたことだが、統治者が多人数というのは不可能なシステムであり、貴族政にしても、せいぜい一〇人程度の規模でなければ、統治を行うことは不可能である。しかも、その場合も、実質的には一人のリーダーが物事を決定する方向に進むのであり、数だけの話であれば、やはり一人の統治とならざるをえないと考えられる。だからこそ、主体面での最善化を考えると、他の要素も重要なのである。つまり、統治者の資格とか選出方法、資質等である。

資質や資格で言うと、どの国でもそうだったが、君主候補者やまだ任浅い君主に対する教育が重視され、そこでは、君主たるものの道として、臣下に対する振る舞い、人民への思いやり等といった君主の心構えが説かれた。これは、中国や我が国のように、基本的に皇帝等の統治が前提である場合には特にそうであった（論語等）。

一方で、ヨーロッパで特徴的な選挙による選出は、統治者候補者がより多くの人の目にさらされることで、最善の人物が選ばれる蓋然性が高くなるというものである。その人が次の選挙でも勝ってその地位を継続したいなら、統治の間中も常に選挙人の目を意識せざるをえず、それが暴走に対する自制となるとともに、選挙人目線を保っていかなければならないとの圧力にもなるのである。

また、統治の期間（任期）や回数制限といったものも、主体にかかる最善化を求める要素である。いかなる有能な統治者も、長くその地位にあることで慢心することは珍しくない。これを防止するためには、一定期間ごとの選挙の洗礼や再選回数制限は欠かすことができない。古代ギリシャで実施されていた陶片追放（ostracism）も、その一環と考えていいだろう。

第二は、目的の如何である。基本的に国はその国民全体、あるいは多数の人々の安全や福利のために存在するといった意識が、統治の最善化に寄与するということである。当初は、純粋に安全や生命の保障等が目的だったのだが、後には、これが天賦人権論とか自然権、被治者の同意といった思想へと発展していった。また、これらの目的は法等に規定されたので、法の支配へともつながっていったのである。

第三に、手段の如何がある。統治に際して正しいプロセスでもって国家意思が決められ、実行に移されたかという点である。つまり、透明化や情報発信の促進によって、意思決定過程が多くの人の目に触れ、検証されることで、統治の最善化が図られるというものである。これも法の支配と関わるものである。

第四は、統治者に対する組織的制御なり権力間抑制である。この思想自体は、かなり古くからあり、たとえば、共和制ローマの末期に活躍したキケロは、「王政」、「貴族政」、「民主政」のいいところを取り入れた混合政体論を唱えている。これは、市民集会、元老院、執政官、護民官らが相互に掣肘し合う、まさに権力分立論そのものであった。

しかし、権力分立が実際に機能するようになるのは、やはり国家においてそれなりの機構が組織されてからのことであり、具体的には、議会が一定の存在感を持ってからのことであろう。

なお、それ以前は全く歯止めがなかったかというと、別の形で存在していたと言っておきたい。われわれは、一人統治の場合は、その統治者が何でも自分の思いどおりに統治すると思いがちだが、実際には、その場合にも、制御の仕組みは存在する。誰でも一人で統治できるわけではなく、実際には、その下に家臣団あるいは官僚群が存在しなければ、情報も入ってこないし、自分の命令を実行することもできないのであり、彼ら家臣団は基本的には命令の実行部隊だが、顧問団も含めて、統治の相談を受けることは少なくなく、国王統治に対する一つの制御にもなってきたのである。ヨーロッパの封建制はその典型であり、実は、議会もそこから生まれてきた。先にも述べたが、中国や我が国でも、君主の心構えと同時に、諫言することを恐れない臣下の道が説かれてきたことは周知のことであろう。

3　政治の歴史

本章の2で、統治の最善化を図るための手法について述べたが、それは、現実の歴史の中でも追求されてきたものであった。

おそらく国家の当初は、狭い領域で、日々の生活もほとんど変化のない状態だったと思われ、指導者も選挙のような形で選ばれていたと考えられる。たとえば、クレタ島で発見された石に刻まれた前七世紀の最古の成文法には、すでに統治者らの再選の制限が見てとれる（桜井、二〇〇五年、五五頁）。

その後のギリシャでは、これまで何度も言及してきたように、統治者の数で分類される「王政」、「貴族政」そして「民主政」が議論の中心となる。個々の統治者の能力や性格といったものを捨象して、いい統治をもたらす蓋然性が高い手法は何かと考えた場合、どういう資格の人たちがどれくらいの数で統治するのがいいかというところに行きついたのである。ソクラテスとプラトンは、哲人的な一人の指導者による統治を理想のものとしたが、同時にその人が暴走しないように法律を防波堤としなければならないとも考えた。一方、アリストテレスは、「民主政」（正確に言うと「国制」）で、これは共通の利益を求めて民が物事を決める統治体制である一方、狭義の民主政の方は民の利益のために行われるもので、彼は否定的に考えていた）に価値を置いていた。実は、彼自身も哲人統治や賢人貴族による統治を理想的なものと考えてはいたが、現実には不可能であり、それならということで、多数による知恵と腐敗の防止にかけたのである。彼はまた、統治権の濫用を防ぐために法律による縛りが大事だともした。

ただ、当時の統治においては、戦争に備え、いざというときには一挙に戦いに打って出ることがもっとも大事なことであり、機敏で断固たる対応をとるためには、序列なり秩序がなければならず、これにもっとも適しているのは王政だったことは忘れてはならない。それに、そもそも統治全般に言えることだが、何かを命じる行為は必須であり、そのためには一人統治がもっとも適しているのも事実である。

一方で、もし合議的なことを想定すると、版図が広がれば広がるほど、意思決定に地域代表を参加させることは、時間的・物理的に不可能だし、参加させる場合の財政負担も大変なもので、そうした負担から逃れるためにも、一人統治への移行はある意味自然の流れであった。

また、これまで何度か述べてきたように、いずれの国制を採ったにしても、実質的には一人の統治になってしまうわけで、だからこそ古代ローマも共和制から実質的帝政へと変わっていかざるをえなかったのである。

この後のヨーロッパでは、一人統治（皇帝統治）が当然のものとなり、統治を最善化させる政治もそれを前提としたものにならなければならなくなった。世襲の統治者にどのようにしてよい統治をさせるか、どう権力の濫用を防止するか、暴君になるのをどう防ぐかといったことが大事になったのである。そのために考え出されたのが、第一に、皇帝としての心得として「寛容」を説くことであった。

そのことは、一人統治が大前提であった東洋においてより顕著であり、主君の道としてもっとも重視された。

第二は、法による拘束、法に従った統治であった。この考えは古代ギリシャからあり、先にも述べたように、ソクラテスやプラトン、アリストテレスのいずれもその重要性を指摘していた。なお、彼らの頃には、単に実定法だけでなく、自然法（Jus naturale）の考えも芽生えており、ストア派を経てキケロへと伝わっている。

ところが、その後は、皇帝が法を超える存在となっていく。それは、皇帝が法の制定者だからであり、実定法では皇帝を拘束できなくなるのである。そうなると、皇帝を制御するためには、実定法を超えるものとして、改めて自然法が必要となってくる。ローマには、市民法以外に、非市民相手の万民法があり、これはローマの慣習等を超えた一種普遍性を持ったものであり、この法の理念が自然法の主柱となったのである。そして、さらに公認されたキリスト教にも取り入れられ、神の法と同視されるようにもなった。

ところで、五世紀に西ローマ帝国が滅亡した後は、強力な統治機構を持たないゲルマンの国家群が林立し、その後八、九世紀から一一世紀のノルマン人らの第二次民族大移動まで、中央集権が弱まったり強まったりする中で、統治者を統御する仕組みが、新たに封建制の中から登場してきたのである。

ヨーロッパの封建制は、ゲルマンの慣習を受けたもので、領主が騎士に所領を与えたり、もとの所領を安堵したりするのと引き換えに、騎士が領主に奉公するという双務契約であり、奉公には、単に戦争に参加するというだけでなく、常日頃の領地経営等に関して領主の下問に誠意をもって応えるという「助言と承認」も含まれていた。また、封建制下での領主と騎士との関係を規律するものの一つがコモン・ローであり、これは法の支配の一態様となっていく。この「助言と承認」とコモン・ローとが、領主の支配を最善化せしめる二つの主要な要素となったのである。

そうした助言を与える一つのステージが封建的集会であり、これはその後家臣団会議となり、さらにイングランドでは、そこから議会が育っていく。議会システム自体は、スペイン・レオンやカスティーリャの王国が十字軍を派遣するための臨時徴税のために招集したのが始まりだが、現在あるような議会システムは、臨時徴税が課税承認権、ひいては国政全般に対する監視機能へと拡大強化され、かつこうした機能を活かすための議案審査システムが構築されたイングランド議会をその嚆矢とする。

一六世紀になると、海外進出による莫大な富の獲得と同時に、キリスト教がその権威を失墜させたことにより、国王の権力はさらに伸び、王権神授説によって、より強固なものとなっていった。イングランドでは、議会がこうした強大化した国王権力とときに協調し、ときに衝突しながらも、国王の統治の歯止めとなっており、こうした議会の仕組みをより国民本位のものとして整備し、ひろく導入してもらうべく、登場したのが共和制の思想であった。共和制とは最高権力の全部または一部を人民なりその代表が持つというもので、中世ヨーロッパのドイツやイタリアの諸都市等で非常に限定された形で見られたものだったが、これがマキャベリやモンテスキュー等に影響を与え、最善の統治をもたらす体制の一つと認識されるようになっていったのである。

共和制を支える理論の一つが、人民が本来持っている権利を自分たちの生存のために国王に委ねたと考える社会契約論であった。これによると、統治の目的は人民の安全と福利であり、国王がその職責を果たせなければ退場を余儀なくされるというものであった。そこから人民主権論へと発展していくのは、ある意味当然のことだったと言っていいだろう。いや、もともとキリスト教の概念には人間は平等だという根本的な教義がある上に、教会は、対抗勢力の国王側の牽制のため、神の優越を誇示すべく、国王権力は人民（コミュニティ）のためにあり、人民に由来するものだとしたこともあって、ヨーロッパでは、遅かれ早かれ、この思想が広く浸透していくのは必然だったのである。そして、ここから、自然権、抵抗権、被治者の同意、代表なくして課税なしといった今にいたるさまざまな統治を制約する仕組みや思想が生まれ育ってきたのである。

4　デモクラシーの概念

統治が国民全体の福利の増進に最適な状況にある、つまり政治的に最高の状態にあると多くの人が考えるのは、一言で言うと、リンカーンのゲティスバーグでの演説の一節にある「人民の人民による人民のための統治（That government of the people, by the people, for the people）」であろう。つまり、人民主権の下での人民による統治である。無論、近世以降の巨大な版図の国家において、直接民主政など不可能なことであり、これに代わるものとして編み出された共和制の理念を具体化したシステムの一つが、人々の統治への参加を議会代表への投票という形で実現する「代表民主制（representative democracy）」であった。本来なら、統治者の数だけで言えば、「貴族政」に分類されるべきものであったが、たとえ形は貴族政でも、彼ら議員が国民全体の信託を受け、議会が統治の主体となって国家の意思決定を行うというなら、それもデモクラシーと考えようというものであり、モンテスキューの思想がアメリカで育まれて、一九世紀に認知されたものである。

これには、クロムウェル革命が大きな影響を与えたと言っていいかもしれない。それまでは、国王を統治者として、議会はそれを制御する統治最善化機関だったが、チャールズ一世の処刑後、議会の方が統治者（実際はクロムウェル）となり、実際に統治を行っているようにも見え、そこから、モンテスキューが、①議会が国家意思を決める主体となる、②議会が強大化しすぎないように、執行府がこれを抑制するという二点を主な柱とする三権分立論を考え出し、これがそのままアメリカに受け入れられたからである。

しかし、この「代表民主制」の概念は、それまでの考え方を大きく変えて、「多数からなる統治者」を認め、人類が古代ギリシャの時代あるいはそれ以前からさまざまに試行し考えてきて、やはり統治するには「一人統治」がいいということで一旦解決した「数としての統治者」の問題を、再度蒸し返して、結論をひっくり返したのである。それほど議会というのは、その存在からしても、その価値からしても大きなものだったのである。そして、クロムウェル時代の議会が国を統治したという実績がある以上、即応性などは問題にならなかった（あるいは即応していたと考えた）。それまでの議会の立法行為は、国王統治の際の基準とかを定める役割を果たしていたが、統治主体となってからは、国家意思を表現するものと考えられるようになった（それでも、モンテスキューが、議会の意思決定を「一般意思」と表現したのは、統治主体と言っても、議会は日々の事案に対応することはできないし、適当でもないと考えていたからであろう。つまり、法は、国民を名宛人とする統治者からの命令といった性格を持つとはいえ、実質的には、やはり執行府に対する制約、統治の基準作りという面を強く持っていることは否定できなかったからである）。

この後は、議会をより国民の代表として、民意を的確に反映させるにはどうしたらいいかが「政治」の重要なテーマとなった。たとえば、主体面、つまり、議会を構成する議員で言うと、彼らがもっとも国民に近い存在になるためにはどうするかということで、議員の資格をどうするか、議員の選挙をいかに公正で公平なものとするかといったことや、いかにしていい候補者を発掘するか、あるいは、彼らが議員になった後にどう教育するかといったことが次の主題となったのである。

また、議会審議等のプロセス面も、議会統治の最善性を担保する重要な要素であり、もし、適正なプロセスから逸脱した点があれば、場合によっては、判断そのものが無効とされることもありえるわけで、誰が見ても問題がなく意思決定が行われることが必須となった。それは、具体的には、平等な議員による自由闊達で十分な議論と多数決による決定であった。

その結果、質のいい議員の選出、そして公正な手続き（特に自由な議論と多数決による決定）が実現されれば、統治がよくなるとの予定調和的な考えが世界中に広がっていくのである。だからこそ、一例を挙げれば、二〇一〇年の末から始まったいわゆる「アラブの春」においても、ほとんど徴税という思想も仕組みもないような部族社会的な国家であっても、デモクラシーの仕組みを入れれば、全てがバラ色になるかような幻想が振り撒かれたのである。しかし、現実は、どうだっただろうか。無論、それはデモクラシー度が弱かったからだ、政治教育が不十分だったからだ、独裁者の力や宗教の力が優っていたからだ等と考える人もいよう。

だが、われわれがもう一度よく考えなければならないことは、近代デモクラシーとは、つまるところ、国民の普通選挙であって、国民は自分の幸福を考えるから、彼らに自由に選択させると、その方向に向かっていくと結論づけるのは、あまりに短絡だということである。ヒットラーが登場したのも、実際、デモクラシーからであった。選挙は結果を保障するものではない。単に、自分たちもそれに参加したのだから、そこから生まれる果実は受け入れなければならないという「自己責任」なのである。

筆者からすれば、そもそも議会を統治の主体と考えたことに問題があったと言わなければならない。即応性を無視しての統治などありえないし、会議自体が持つ「文化」からしても、純粋に自由闊達な議論や自由な判断というのは、実際には、大変困難なことなのである。また、政党が登場・発展し、議会の場を通じての権力闘争を強め、これが議会活動のメインになっていったことも、議会を国家意思の決定・政策構築の場と考える理想主義者からすると、予想外のことだったに違いない。要は、議会を統治者扱いした間違いが、議会の存在意義や役割等についての誤解を生んでいったのである。

これまで何度も述べてきたように、政治は統治の最善化を図るものであり、統治の主体をいかに制約するかであった。モンテスキューは、今述べてきた主体の構成分子やプロセス面だけでなく、外在的な制約も必要と考え、一旦統治者と定めた議会が強大化しすぎないように、執行府がこれを抑制するという三権分立論を唱えた。

三権分立の考えは、もともと誰がどういう統治上の権限を持つのかという観点からの問題提起であった。たとえば、ロックは、立法権、執行権、連合権の三つの権力を観念したが、現実に存在する国家機関のどれがどの権力を持っているかという点に着目して権力分立を考えた。しかし、こうした分立は、当然のことながら権力間抑制の考えに容易に結びつく。ロックから七〇年ほど後のモンテスキューになると、権力分立は権力抑制のためにあるものと考えられるようになるのである。彼はフランス絶対王政に批判的で、自由は権力の濫用のないところに存在するとし、名誉革命からウォルポールの時代を経て政治・経済の発展がめざましいイギリスに、その理想像なり模範を見た。そこでは、人民を代表する議会が統治の中核をなしている上に、国王の直接統治から離れた内閣（執行府）がそれをうまく掣肘しており、模範的な統治を実現しているかのように見えたのである。

だが、彼の三権分立論には大きな欠陥があり、①執行するだけの者は必ず意思決定者に従わなければならず、前者から後者への牽制はありえない、②万一牽制があるとすれば、意思決定の際であり、意思決定が終わり、執行の段階での牽制などありえない、③執行するだけの権力などそもそも必要ない（官僚と同じ）、④牽制の常識は、多数でもって一人の独走・独裁を防ぐというものであり、国王一人が多数の代表からなる議会を牽制するということはありえない、⑤議会を統治主体と考えるのなら、そもそも「代表民主制」の下での国民の代表者で構成される議会こそが統治の最善化の究極の形であって、ここまで来ると、これを制約する外在的機関や権力は必要ないのではないかといったことが簡単に指摘されうる。

しかし、そのモンテスキュー思想をそのまま統治機構の中に具体化したアメリカで、それほど問題があるとは認識されてこなかったのではないかというのが、多くの人の素朴な印象であろう。そこで、改めて、「法の精神」にいうモンテスキューの三権分立論を詳細に検討すると、①国家の一般意思を決定する立法権は、人民が一団となって有するものだが、その行使は人民の代表者、つまり、議会が行わなければならない、②議会は二院から構成され、第一院が「制定する権能」を持ち、世襲の議員からなる第二院は、「阻止する権能」を持たなければならない、③執行権とは、議会が決めた一般意思の表現たる法を執行するもので、即時の行動が必要なことから、君主といった一人の手に委ねられるべきものである、④執行府は議会を制約する力がなければならないが、議会が執行府を制約すべきではない、ただ、議会による執行府への国政調査権は必要である、⑤執行府が立法に関与するときは、阻止する権能によらなければならない、⑥執行府は、議会における法案の討議に加われないし、提案することさえできないという主に六つの点であるが、世襲の議院を除けば、全てそのとおり実現していることがわかる（モンテスキュー、一九八九年、二八七―三〇七頁）。④、⑤の執行府から議会に対する制約は、拒否権（veto）という形で実現されている。

だが、ここでの問題は、統治の主体が、実際には、「執行府」だとすれば、これは大変な事態を招くということである。つまり、統治者を制約する仕組みに欠けてしまっているのである。トランプ大統領が就任にあたってさまざまな大統領令を出したときに改めて気づかされたことであるが、これまで、大統領令は我が国で言うと政省令の類と思われていたが、現実的には、法律にも匹敵するもので、議会に報告することもなく出されているものなのである。たしかに、予算関係法案や条約の審議・承認といった大統領のガバナンスを制約するものがあるにはあるが、我が国と比較すると格段に少なく、たとえば、二〇一七年にトランプ大統領が打ち出した国連気候変動枠組み条約締約国会議（COP21）で二〇一五年一二月に採択された地球温暖化対策の取り決め（俗に「パリ協定」）からの離脱も、行政協定ということで、議会の承認もなく大統領の判断だけでできるのである（もともと締結自体が大統領判断）。つまり、基本的には、執行府の行う統治行為はほぼ自己完結しているのである。だからこそ、大統領はほとんど議会に出席する必要がないのである。デモクラシーを、統治を最善化するための外在的な制約を国民本位とすべく、議会をその主体とすることだと考える筆者からすれば、デモクラシーからかなり距離を置いた国家機構と言わざるをえない。それでも、これまで大きな問題が生じなかったのは、①歴代の大統領に、それなりの政治的常識や経験があったこと、②かつては、より州の比重が高く、それほど連邦政府の役割が大きくなかったこと、③経済の盛衰があったにしても、基本的には豊かで、お金で解決できることも少なくなく、国民の格差もそれほどなかったこと等が、その理由として考えられよう。

話は戻るが、こうした根本的な間違いが放置されたからこそ、モンテスキューの理論を基盤とする学説も迷走せざるをえなかったのである（さらに問題なのは、モンテスキュー自身は、機関相互の権力抑制を念頭に三権分立を唱えているにもかかわらず、識者の中には、アメリカの仕組みを厳格な三権分立として、分担することに価値を置いて主張している人がいることである。これでは混乱に輪をかけていると言わざるをえない）。実際、各権力の定義ができず、その間の関係もあいまいのままに終始しているのは、否定できない事実であろう。

にもかかわらず、モンテスキューの思想は、その後のフランス革命に大きな影響を与え、フランス人権宣言に取り入れられ、また、アメリカの統治制度の設計にも多大の貢献をし、現在では、普遍的な政治的原理の一つとして、その確たる地位を築いているのである。

なお、外部からの制御に関しては、もう一つ、「第二院」の制度を挙げておかねばならない。これも、もともと「統治者たる議会」の権力が強すぎないよう、それとは別の選出方法によって選ばれた人たちにより構成された会議体（第二院）によって、それを掣肘させようというものであった。事実、先述したように、モンテスキューもそのことを主張していた。また、実際、クロムウェル革命後に一旦廃止された貴族院がイギリスで復活した理由の一つは、強大な下院を掣肘するためだったし、フランス革命後にも、強すぎる国民議会への反省から、それを掣肘するために第二院がつくられたのである。これは、三権分立論の欠陥を補うところもあり、意思決定権者同士の牽制であるといった点は評価してもいいと考えている。

しかし、現在、どの先進国においても第二院のあり方が問題になっているのは、やはり第二院を設けた理由に根本的な原因があるからである。統治者として考えられた議会（第一院）も、結局は統治者ではなく、実態からすれば大統領や首相の方が統治者であり、第一院の役割は彼らに対する制御機能とならざるをえなくなったため、第一院を統治者と仮想して、その掣肘の役割を期待された第二院は、その抑制機能を有効に働かせることができなくなったのである。

5　議会の役割

これまで述べてきたように、議会は、統治の主体ではなく、統治府たる政府の外にあって、統治者の判断や行動が間違わないように、あるいは間違った場合に、それを修正したり、その責任を追及したりするための統治の最善化を職責とする政治的機関なのである。これは、議会の歴史にも則したものである。

そして、議会は、主に三つの権能によって、これを実行してきた（図1参照）。第一は、立法権であり、これは、政府が統治するにあたっての基準や根拠、方法等を定めるものであった。

当たり前のことだが、もともとイングランド議会には立法権はなかった。議会は、騎士や商人等から臨時税を徴収するために招集され、これが課税承認権を持つようになり、さらに財政全般のみならず国政全般についての実質的な承認権を持つことになって、これでもって、国王の統治を制約・是正するようになった。これが具体的な形となったのが、共通請願を源とする立法権だったのである。

第二は、国政調査権である。国王政府が、予め議会との間で取り決め、場合によっては法律という形で合意したものについて、その合意のとおりに執行されているかを監視するものであった。これは、国王の統治を制約・是正するためには欠かすことのできない条件でもあり、権利や権限として確立する前から当然のごとく存在するものだったのだろうが、明確に議会の主要な権限になったのは、議案

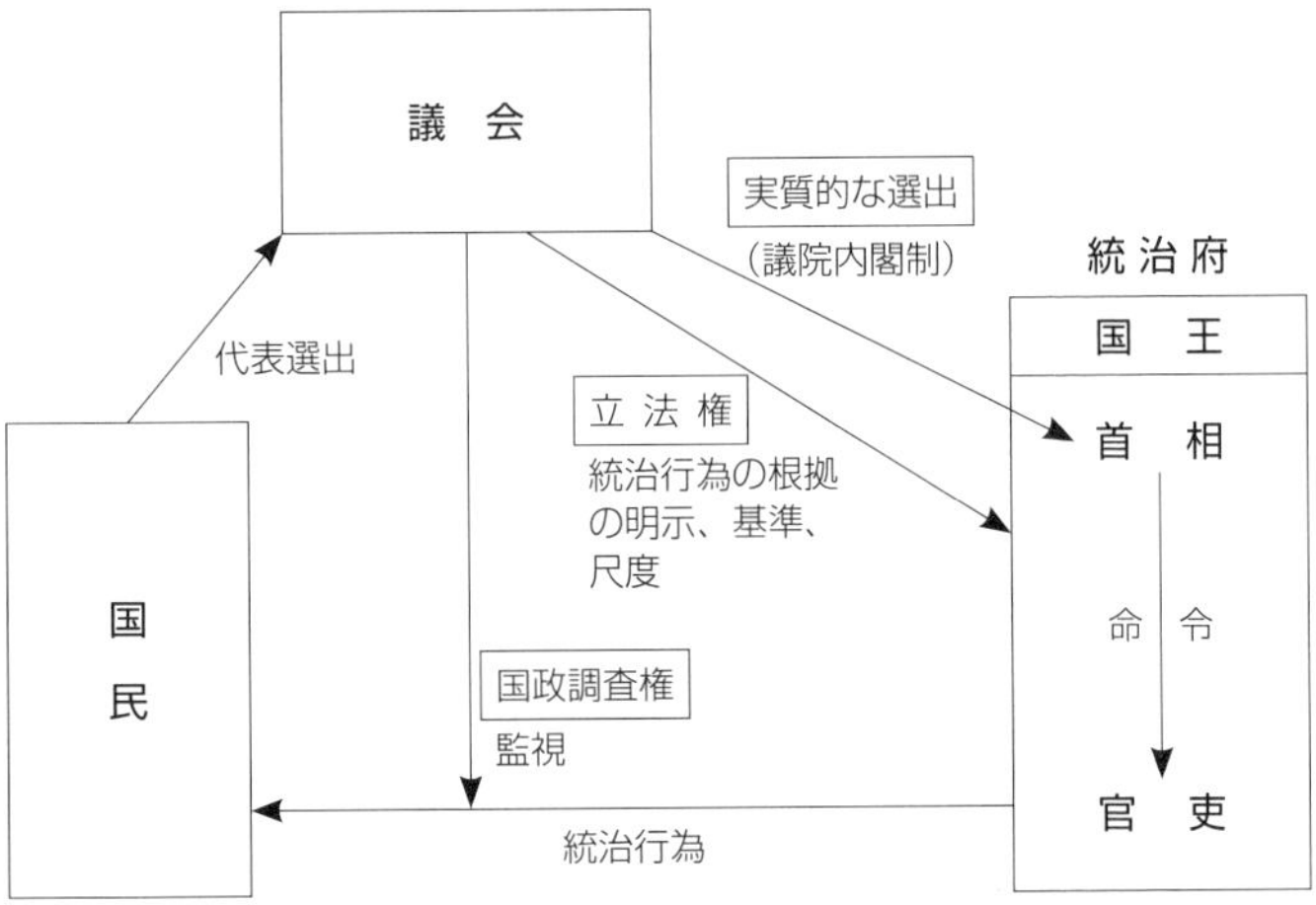

出典：向大野新治『政治の考え方』きんざい、2012年、189頁をもとに作成。

■図１　議会の役割

審議システムの確立とほぼ歩調を合わせたくらいの時期だったのではないかと考えている。と言うのも、国政調査と議案審議とは裏腹の関係にあるからである。クロムウェル時代には、委員会制度が発展し、行政監察が強化されているし、王政復古後も、こうした議会の調査機能強化の流れは引き継がれ、会計検査が始まったりしている。

そして、第三は、政府のトップ、つまり実質的な統治権者たる首相の選定である。一八世紀になると、イギリスでは、国王は統治から徐々に離れ、彼に代わって国政全般を見る首席大臣が登場する。これが議院内閣制の始まりである。この首席大臣・第一大蔵卿（首相）を議会が選ぶことが、議会の存在意義である統治の最善化のもっとも大事な要素となっていくのである。と言うのも、統治の善し悪しは、もっぱら統治者にかかっているからである。無論、正確に言うと、今でも首相の任免権は国王にあり、議会が持っているわけではないが、さりとて国王が自由に首相を任免できるわけではなく、基本的には下院議員の総選挙後の議会の勢力比を見て、そこで多数を占めた政党の党首といった者が選ばれるのであり、この点では、実質的に議会に選定権があると言ってもいいだろう。

そして、この三つの中では、当然、統治者を選ぶことがもっとも重要となってくる。その結果、立法権や国政調査権は、そのための手段と化していくのである。こうしたことは、議院内閣制の国ではごく自然に進んでいく現象だと、筆者は考えている。

では、大統領制の国はどうなっているかというと、たとえば、アメリカでは、議会は立法権と国政調査権を有しているが、大統領を選ぶ権限はない。行政のトップである大統領は、大統領選挙人団の投票によって選ばれるもので、国民がそうした選挙人（代議員）を選ぶという間接投票である。その点では、統治の最善化のために議会が持つもっとも大事な権能がないわけだが、その分を政党が担っていると考えるべきであろう。つまり、二大政党である民主・共和両党が、それぞれ実施する予備選挙でもって、最善と思われる候補を選び、それを国民に推薦する形を採っていると考えるのである。

なお、アメリカ議会の立法権は、モンテスキューの思想を形式的に取り入れた（議会が執行府を制約する必要はない）ためだろうか、行政（統治）の基準をつくるという色彩は薄いと筆者は考えている。もし、イギリスや我が国のように、統治の根拠や基準をつくるということを主要な使命とするなら、当然行政の担当者が議会にそうしたお願いをすることのできるシステムが作られていなければおかしいからである。無論、教書でもってある立法を促したり、特定の議員に法案の提出を依頼することがあるのは承知しているが、それは連邦政府の職責が拡大して、法の裏付け等が必要になったという実体面からの要請によるものであろう。

そもそも、議会は国家意思の決定機関であって、議案提出権を唯一付与されている議員は常に大局に立って統治のあるべき姿を考えて行動しなければならないというのは、建前、あるいは理想的・楽観的な見方であって、彼らは、基本的には、自分や自分の支持者の関心のあるものについてのみ立法化を図るものだと認識しなければならない。だから、実体とすれば、アメリカの議会は昔の請願・陳情実現のスタイルを色濃く残した機関にすぎないわけで、政争になりそうなものは、行政（統治）の方が大統領令等を駆使して自己完結的に遂行するのである。こうした状況だからこそ、党議拘束の必要性もないし、与野党の衝突もほとんどなかったのである。

6　権力闘争の場としての議会

議会でよく見られる権力闘争に否定的な人は少なくない。あるいは、否定まではいかなくとも、もっとやるべきことがあるだろう、国民生活に必要な法案の審議はどうしたと、これを苦々しく思う人はかなり多い。それは、議会を国家意思決定の主体で、法という形でこれを決めるものだと思い込んでいる人たちによく見られる反応である。

しかし、これまで繰り返し述べてきたように、その成り立ちからして、議会は国家意思の決定機関ではなく、そうした決定を行う統治者を掣肘する機関であり、その主要な職責の一つとして最善の統治者を選ぶことがあるわけである。その職責は、本来的には、統治者らの議会における活動といった日々の仕事への取り組み姿勢の観察、さまざまな試験や面談、試練等を通じて、その人となりを見ることで果たされるべきものなのだろう。

だが、こうした仕組みは、容易に人間の別の本能のためにも使われることになる。人は権力をめざす。一つの組織体なり国家のトップに立ちたい、仲間を支配したい、自分の言うことを聞かせたい、あるいは、そうしたことで尊敬されたいというのは、全ての人ではないが、多くの人が持っている願望である。一種本来的・本質的なものでもあるのだろう、いつの時代でも、どの国どこの場所においても、いわゆる「国盗り物語」的なものはあり、血を流しての領土争いや権謀術数をめぐらしての権力闘争が本やテレビドラマの主題となっていて、人はそこに英雄像を見る。

実は、現在では、この権力闘争が議会議員等の選挙を通じて行われているのである。これは、かつては相手を殺したり脅したりして得られた権力を、流血とか違法な手段に訴えることなく、誰もが平和裡に獲得できるチャンスを提供するものである。そして、この闘争は、単に選挙のステージだけで展開されているわけではない。さまざまな場所で繰り広げられているのだが、特にその主要なステージが議会なのである。ここで、いかに自分が統治者として優れているか、あるいは自分たちの仲間が統治者として最適か、その一方で、相手方たる統治者、あるいはその候補がいかに問題があるかを明らかにし、国民に理解させようとするのである。そして、その闘争のために、立法や国政調査が総動員されているのが現状である。無論、行き過ぎがないとは言わない。どの国でも同じだろうが、攻撃する場合には、どうしても不祥事追及に頼りがちだし、たとえ政策論争を挑んでも、ポピュリスト的な主張に終始してしまうことが多いからである。さらに、我が国のことで言うと、野党側は、国会議員選挙で敗北しても、その傷が癒えないうちに、政府・与党側に攻勢をかけてくるため、国民には、のべつ幕なく不祥事の話に終始しているといった印象が強く残ることもあろう。だが、それでも、筆者からすると、こうした権力闘争は必然的なものであり、流血の権力闘争ドラマに夢中になっている人たちが、なぜこうした平和裡のフェアな環境での権力闘争に抵抗感があるのかわからないくらいである。

それに、すでに第1章で述べたように、会議体一般の傾向として、対立の激しい（利害のからんだ）重要な問題は、自由闊達に議論しても、最適な結論が迅速に出てくるということはほとんどない。たしかに、互いが歩み寄って議論を積み重ねていくことは理想ではあるが、かなうことはないと言っていい。一般的には、いくつかの主要な意見に収斂し、それがぶつかりあい、デッドロックに乗り上げるという形になっていくのだが、これは議会も同様で、それぞれの政党の主張が対立し、戦いになっていく。特に、議院内閣制の国では、その戦いが最終的に総選挙の結果につながっていくため、余計に厳しくなっていくのである。

だが、こうした権力闘争こそが議会を動かす原動力でもある。これがあるからこそ、議会にも活気が出てくる。筆者は、こうした権能とは無縁の議会は活力もなく、存在感も発揮できていないと考えている。

7 「政（まつりごと）」とは

我が国では、「政治」のことを「まつりごと」と言うことがある。これまで述べてきたように、「政治」と「統治」とはほぼ同義で使われており、「まつりごと」も、「政治」と同様、両方の意味を含んだ使われ方をしている。

前尾繁三郎元衆議院議長によると、「政」という漢字の「正」は「征」の原字であり、撲撃を意味する「攴」との合字であって、武力でもって制圧することを意味したという（前尾、一九七四年、一三、一四頁）。それが、その後、権力による覇道政治から道義による王道政治へと進化していったという。こうした文脈で言うと、漢字の方は、統治そのものを言っていると言ってもいい。

一方、日本語の「まつりごと」については、『古事記』の天孫降臨の条に初めて出たものとし、その解釈としては、「祭事説」と「奉事説」の二つがあり、前者は、北畠親房が『神皇正統記』で唱えているもので、かつて神と天皇が一体化していたことから、神を祭ることが政であったとする（前尾、一九七四年、二六―二八頁）。後者は、本居宣長の説が代表的なもので、天皇の大命を奉（うけたま）わり、自分の能力や技能を用いて奉仕することだとして、政とは天皇に奉仕することだとする。ただ、どちらの説も、政の主体が神や天皇ではなく、その下で奉仕する者となり、天皇等は「政の客体」としてその利益を受けるだけの存在となってしまい、「政」の主体が統治者でないことから、やはり問題があると思われる。正しい読み方からすれば、天皇なり何らかの統治者が何かを祭ると考えるべきであろう。

では、そう考えた場合、何を祭るのかは、二つ考えられる。一つは、神といった超自然物であって、豊作といったことを願うものである。あるいは、何か重大なことが起こったとき、それは他国から攻められたり、飢饉や疫病が起こったときだが、こうしたときに、神に祈り、その判断を仰ぐといったことである。いわゆる「呪術政治」である。政治なり統治の内容が、自分たちで何かをすることでなく、占いに頼ることかと思うと、首をかしげざるをえないが、かつては、裁判が統治の主要な内容だったこともあり、どうしても決まらない場合は、盟神探湯《くかたち》等の占いに頼ったことからすれば、即座に否定できる説でもない。しかし、筆者とすれば、もう一つの考え、怨霊のたたりを恐れ、これを祭るということにしたい。

統治というのは、支配者・被支配者ともに平等の状態において行われるものではない。両者の間には厳然とした差があり、基本的には、強い者が支配者となり、弱い者を服従させることになる。しかし、常に強い者が勝利して弱者が虐げられ続けると、そこには怨念が生じ、ときに統治の安定性を害することになる。あるいは、支配者間でも、抗争が起こって敗北者側をつぶしたり、あるいはそのまま放っておくと、これも怨念を生じさせることになる。我が国の歴史を見ても、菅原道真、橘逸勢、伴善男、崇徳上皇等がそうであった。支配の安定・継続性を考えると、強者はときに弱者や敗者に配慮する必要がある。それが「祭る」だと考えるのである。筆者は、何度も述べたように、政治とは統治を最善化させるものと考えており、「弱者や敗者を祭る」こともその一つであって、広い意味で言うと、統治者の心構えの一つでもある。「政治」が government を言うのに対し、「まつりごと」の方は politics の意味をより強く持つものだと言っていい。

実は、こうした弱者や敗者に対する配慮が、今でも政治の現場で行われているのである。国会で与野党が厳しく対立する法案を審議するとき、よく識者やマス・メディアが言うのは、与野党が、どちらも十分と言うくらい時間をとり、自由闊達に議論し、最後は強行手段に訴えたり、議事妨害することなく、粛々と採決し、多数決で決めることがもっとも大事だということである。

しかし、筆者は、こうしたことは形式的なことで、もっとはるかに大事なのは、結論を受け入れがたい少数者や弱者、あるいはそういう人たちを代表する少数党に、どれほどの配慮がなされ、彼らもどこまで甘受するかということだと思っている。議会で議論されるのは、学生の討論会の議題のようなものではない。法律は、人々の権利・義務を定めたり、何らかの便宜を与える一方で、何らかの負担を強いたりする。つまり、人によっては、自分の命や財産、生活がかかっていたり、自分の引けない感情にからむものだったりするのである。そうした場合に、十分な議論をして多数決で決めたことであれば、本当に誰もが納得し、受け入れるのだろうか。一般的に、人は、自分に犠牲を強いるようなものであれば、まず第一に廃案を望むだろうし、次善の策としては、修正を求めるだろう。それでだめなら、何らかの手当や償いを求めるに違いない。それも無理で、一方的に犠牲を払う側にいなければならないときに、果たして、善処をお願いしている議員が淡々と質疑を行い、採決のときにただ反対として自席に座っていることを容認できるだろうか。場合によっては、自分たちの怒りをその場で見せてほしい、体を張って阻止してほしいと思うのが人情ではないだろうか。少数者も、自分たちの要求が認められない客観的事情は当然のごとくわかるわけで、それでも自分たちの思いをわかってくれた、それを国会の場で他の議員にわからせてくれたということでもって、その嫌な結果を受忍してくれるのである。それゆえ、筆者は、一定程度の議事の騒然さには寛容であっていいと思っている。

ただ、先に述べたように、議会は権力闘争の舞台でもあり、こうした弱者配慮の手法が権力闘争に結びつくのも必然的と言わざるをえない。このことが、少なくない国民の反発を醸成し、結果的にいわゆる「政治」そのものに対するネガティブな評価につながっているわけで、その加減が難しいことは言わずもがなのことであろう。

第3章

議会の歴史

1　議会の定義

議会がいつごろできたかを知るためには、議会とは何かという定義が必要である。この定義を作ったのが、一九世紀後半のビクトリア朝に活躍したイギリスの歴史家ウィリアム・スタッブスである。彼は、議会を、「その当時の社会の主要な階級の代表者で構成された会議体」と定義した。そして、その定義に従って、イギリス議会の創設年を一二六五年としたのである。なぜなら、この年、レスター伯爵シモン・ド・モンフォールによって招集された議会には、ほぼその当時のイングランドの主要な社会階級の代表が呼ばれたからである。そして、地域的にも代表者がほぼ出揃った点で、一二九五年の議会が模範議会（model parliament）と呼ばれる。議会は、その誕生の頃には、立法権や国政調

模範議会

査権といった重要な職責を持ったり、民主主義的なシステムを備えているものではなかったし、代表も普通選挙で選出される必要はなかったのである。

イングランドの最初の議会は、国王が臨時に必要とする税を徴収するためのものであった。こうした目的で開かれた会議体はイングランドの専売特許ではなく、それ以前にも、一二世紀後半のレオン王国議会、そして、一三世紀のカスティーリャ王国やアルゴン王国の議会（cortes）が存在した（マイヤーズ、一九九六年、一七、六三頁）。これらの身分制議会は、十字軍派遣のための費用を賄うことを目的に開かれた。そして、このシステムが、ポルトガルやシチリア、そしてドイツ地方、さらにはヨーロッパの多くの国へと広がっていったのである。本来なら、それらの議会の方がイギリス議会より古い歴史を持ったものとして歴史に名を残したはずだが、途中で消滅したため、イギリスの後塵を拝する形となったのである。

2　世界最古の議会

本章の1の定義に従うと、実は、イギリス議会が最古の議会というわけではなくなる。アイスランド議会は、その創設年を九三〇もしくは九三二年、また、イギリス女王の属領であるマン島の議会も九七九年をその創設の年としているからである。アイスランドはともかく、マン島になると、イギリスの地方議会ではないかと言われそうだが、ここはイギリス（連合王国）という国に属しているわけではなく、王室の属領であり、外交・防衛をイギリスに委ねている以外は、独自に統治を行っている。それゆえ、通貨や切手をはじめとして多くの点でイギリスとは異なっているのである。こうした島は他にもあり、ガンジー島、ジャージー島等がある。

ところで、これらの創設年はともに根拠が薄弱で、アイスランドの場合は、サガという古い民話集に議会の起源と思われる会議体の話が出ており、その民話集の編纂時期から導いただけである。また、マン島の場合は、自分たちの議会が古いことをアピールするために、一九七九年に一〇〇〇年祭（ミレニアム祭）を祝い、そこから単に逆算しただけの話である。

しかし、だからといって、簡単に無視してもいいという話でもない。この二つは奇しくもバイキングの議会である。バイキングでは、かつて夏至の日に、各部族が集まって、祭を催し、かつ、裁判も行ったと伝えられている。バイキングは、海での漁を主要な生業としていたこともあり、貧富の差が少ない上に、社会階層もそれほど分離しておらず、協調性と平等性が強かった。だからこそ、全体で物事を決めようという気持ちがあって、議会のような仕組みを早くから作ったと考えられる。実際、アイスランドではシィングベリトルに、マン島では、セントジョンの丘に集まって、こうした集会を開いたのである。

なお、マン島では、このときの風習を今でも大事に受け継いでおり、議会システム自体はイギリスの仕組みを導入した近代的なものだが、議会で議決し、それを総督が認可しても、それだけで法律が発効するわけではなく、夏至の日（現在はほぼ七月五日）の集会で、改めて議員らの署名を得て初めて発効することになっている。

3 「議会」を意味する四つの英語

「議会」を表す英語表記には、主に、Parliament Diet Congress Assembly の四つがある。無論、それ以外にも、スペインなどが、宮殿を語源とする Cortes を使っているが、こうした例は少ない。基本的には、「議会」を表す言葉としては、Parliament が使われることが多い。

この言葉は、もともとは、ラテン語の paraulare から来たもので、議論するという意味であった。一二世紀頃のイタリアの諸都市では、すでに集会をパーラメンティと呼んでいたようである。これが、ガリア（フランス）からイギリスに伝わっていく中で、同世紀の後半には、parlement が「会議体」を意味する言葉としてスコットランドで使われるようになった。そして、一三世紀に入ると、ベネディクト派の修道士であり著述家でもあったイギリス人のマシュー・パリ（Matthew Paris）が、自分の年代記の中で、parliamentum という言葉を使い、さらに公文書やウェストミンスター勅令等にもこれが登場することになった。

この語源からすると、議会は「議論する」ところという意味が明確に理解できる。フランス語に、談話室を意味する parloir（parler＋場所を表す oir）という言葉があるが、これもそれが語源であり、銀座にある資生堂パーラーも、そうした趣旨で設けられたに違いない。

なお、フランスでは、かつては Parliament（フランス語では、Parlement）は革命前の司法機関である高等法院を意味し、議会の前身とも言うべき三部会は、États généraux と呼ばれていた。現在オランダで使われている Staten-Generral と同じである。その後、各国と歩調を合わせて、憲法上、議会を Le Parlement と定めた。

Congress は、ラテン語の con-gress-us を語源とするもので、国際会議を意味する言葉であった。たとえば、「会議は踊る」で有名なウィーン会議も Congress である。アメリカの一三州は、もともと独立国のようなものであり、それらで構成された大陸会議は Congress と呼ばれ、これを継いだ連邦議会も Congress と呼ばれた。中南米の諸国は、アメリカの影響を受けて議会制度を整備したこともあり、それぞれの議会を Congress と称する。

Assembly は大多数の人々が一堂に集まるさまや場所を言う。現在でも頻繁に使われ、国連総会は General Assembly である。Parliament がイギリス発祥の議会を意識させ、Congress もアメリカの香りを漂わせるのに対し、Assembly は価値中立的に単に人々が集まるさまや会議体を表す。たとえば、古代ギリシャの都市国家にあった中心広場のアゴラは、assembly という意味であった。集会の権利も the right of assembly と言う。

議会の意味で使われたのは、たとえばイギリス植民地時代のアメリカ各州議会で、現在でもAssembly と呼ぶところが多い。また、フランス革命の直前に、主に第三身分を中心につくられた会議体も Assemblée nationale と呼ばれ、これが現在のフランス下院となっている。元老院と合わせて、Le Parlement を構成する。Assembly は、旧共産主義国家の議会でも使われた。

我が国では Diet が使われている。一八八九年（明治二二年）の明治憲法発布にあたって出された「憲法発布上諭」の英語版で、すでに「帝国議会」が Imperial Diet と訳されており、これが新国会にも引き継がれ、「国会」は National Diet と訳される。その理由は、Diet はドイツ近辺の身分制議会を発祥とするもので、我が国議会がそれを模範につくられたからである。

Diet の語源はラテン語の diēta で、「日」を表す diēs から派生したもので、「定期的に何かをする」という意味である。英語の day や date も diēs から来たものである。ドイツ地方の身分制議会は定期的に開かれたので、その会議が Tag（英語でいう day、スウェーデン語では dag）と呼ばれた。だから、ドイツの第二次世界大戦前の議会（下院）は Reichstag、現在の議会（下院）は Bundestag と呼ばれる。一六世紀末、神聖ローマ帝国の身分制議会やドイツ地方の議会を英訳する際に、本来ならそのまま day でもよかったのだろうが、それではお祭り日のような印象も与えかねなかったので、旅程や会合の日にちを意味する diet が当てられることになったと思われる。

ところで、英語の辞書を繙くと、同じつづりながら、食事を制限して体重を減らす意味を持つ「ダイエット」という言葉が出てくる。この言葉は、古代ギリシャ語の *δίαιτα*（diaita）が元の言葉のようである。生活様式とか住まい、食物等を意味するものであった。これが、先に述べたように、日程とか定期的に何かをするという意味の diēta と関連づけられ、英語圏でどちらも diet と綴られるようになったと考えられている。両者はもともと違う言葉だったと主張する人もいるが、生活様式とか食物摂取等は定期的に繰り返されるものであり、案外同じ起源を持つものだったのではないかと思われる。

エピソード 1

海外賓客の国会演説

国会においては、海外の賓客を招いて、その演説を拝聴する慣習がある。二〇二三年（令和五年）一二月に第二一二回国会が閉会した時点で、四一回行われている。最初の例が一九五八年（昭和三三年）のガルシア・フィリピン大統領の演説であるが、筆者が事務局に入った一九八一年（昭和五六年）まではめったに行われず、それまではわずかに三回を数えるにすぎなかった。急速に増えてきたのは、それ以降の話である。

東日本大震災復興への連帯を強調したブータンのワンチュク国王夫妻（2011年11月17日、衆議院本会議場）

演説は原則的に、国賓、公賓、公式実務訪問賓客のうち、国会演説を希望し、国会側がそれを認めた場合に行われる。国賓等以外は、国会賓客の彭真中国全人代常務委員長、外務省賓客のアナン国連事務総長、政府招待のアフリカ民族会議副議長のマンデラ氏だけである。これらの人は、特に国会が招待したとか、その知名度や訪問目的、影響力、将来性等を考慮して認められたものである。

演説の場は、衆議院と参議院の議場を交互に使うことになっている。賓客は基本的に母国語で演説するので、議員たちにはイヤホンが渡され、同時通訳でもってその内容を聞くことになっている。

これまで演説を行ったのは、たとえば、アメリカのレーガン、クリントン、ブッシュ（子）の各大統領、イギリスのチャールズ皇太子、ソ連のゴルバチョフ大統領等である。比較的記憶に新しいのは、国民総幸福量を重視するブータンから来られた国王夫妻であろう。結婚後初の外遊先として日本を選び、大震災後の日本を励ましてくれた。

こうした賓客訪問の中で、筆者が特に記憶に残っているのが、二〇〇七年（平成一九年）の第一六六回国会で来日された温家宝中国首相である。当時は院内の秩序や警備を担当する警務部長であり、恐縮だが、演説内容そのものというより、自分の仕事が大変だったので、印象深い。一つには、演説を中国に衛星中継するということで、その根回しに走り回ったことである。両国にそれなりのいい関係があったからこそできたことだろう。もう一つは、当時、中国の宗教団体が国会周辺で活動していたこともあったのだろうが、中国側から何度も警備はしっかりしてほしいとの要請を受けたことである。

なお、このカテゴリーには入らないが、海外からオンラインで国会演説が行われたことがある。二〇二二年（令和四年）の第二〇八回国会において、ウクライナのゼレンスキー大統領が、ロシアの侵略を受けて一ヶ月が経過したタイミングで行ったもので、多くの人に勇気と感銘を与えたことは記憶に新しい。このときは設備の関係で、衆議院第一議員会館国際会議室が使われた。

第4章

国会議事堂

1　議事堂の設計

議事堂は、その当時としては大変珍しいことだが、設計を公募している。これには、初代貴族院書記官長の金子堅太郎の果たした役割が大きい。彼は、帝国議会開設の翌年早々、第一次仮議事堂が焼失した後に、議院建築に関する意見書を出し、その中で、議事堂は堅固で荘厳なものとし、その設計は公募すべきだと主張したのである。これには、議会開設前年の欧米への視察旅行の際の経験によるところが大きかったと思われる。実は、欧米において議事堂を建設するにあたって設計を公募することはそれほど珍しいことではなかったのである。たとえば、イギリスでは、一八三四年の失火後の再建にあたっては公募が行われ、九七の応募作品の中から、たまたまこの火事を目撃したチャールズ・

バリーとその友人オーガスタス・ピュージンの共同作品が選ばれ、バリーの監督によって議事堂が再建されている。

アメリカ議会の場合は、建国からまだ日の浅い一七九三年に、イギリス出身のウィリアム・ソーントンがコンペに勝ち、五〇〇ドルの賞金と一区画の土地をもらっている。まだ自国には実力ある建築家がいなかったため、広くヨーロッパからも募ったのだろう。

イタリアでも、王国誕生後、旧ローマ法王庁裁判所に仮議事堂が設けられ、併せて正規の議事堂の設計公募が行われている。金子は、公開された応募四九作品を見た旨その巡回記に記しているほどである。なお、この計画は頓挫したようで、上下両院とも結局は一八七一年から現在まで変わらず同じ建物にある。

ドイツも、統一帝国誕生後に、やはり議会が設けられ、陶器製造所等が仮の議事堂として使われるが、正規のものは設計公募され、一八九通の中からパウル・バロットの作品が選ばれている。この議事堂は、帝政ドイツ及びワイマール共和国で使われるが、ナチスの国会議事堂放火事件で使用不能となり、そのまま戦後も放置されてきたが、二〇世紀末の統一ドイツ成立後、首都がベルリンに戻ることになり、その議事堂が再建されて、ドイツ連邦議会議事堂として使われることになった。なお、この再建の際も公募がなされていて、ノーマン・フォスターが落札した。彼のコンセプトは、政治の透明性であり、その象徴として議事堂中央の巨大なドームをガラス張りにした。

他に、イムレ・シュタインドルによるハンガリー議会議事堂等もある。

話は前後するが、いずれにしても、こうした事情を知っていたからこそ、金子は、意見書発表から二年余り後に、水野遵衆議院書記官長とともに、伊藤博文首相に、同趣旨の上申書を出したと思われる。これに対して、議事堂建築の責任者井上馨内務大臣は懸賞募集に反対だったようだが、内務省自体は公募に柔軟であり、衆議院の建議に応じて内務省に設けられた議院建築調査会では、意匠を公募する方向で検討が進められることになった。

しかし、議事堂建設計画は、そのときどきの戦争とからんで、たびたび浮上しては頓挫するという経過をたどり、公募についても、論議の俎上に上らなくなった。ただ、それは、公募が政治マターではなくなったというだけの話で、建築家同士の対立という形では引き継がれる。つまり、明治建設界の重鎮である辰野金吾と妻木頼黄との論争である。辰野は公募賛成派であり、妻木は反対派であった。

辰野は、一八八〇年（明治一三年）に官費でイギリスに留学し、八三年（同一六年）に日本に帰国している。帰国の途上で、フランスとイタリアに寄り、そこでの代表的な建築物を見てきている。さらに、日本銀行本店の設計にあたっても、事前にアメリカといくつかのヨーロッパの国の銀行建築を視察してきている。先に紹介したように、議会政治の中心地とも言うべきイギリスとアメリカ、そして我が国が政治制度の模範と仰ぐドイツとで、いずれも議事堂設計の公募が行われたことに、辰野もコンペを実行したいと思ったのではないだろうか。

一方で、妻木頼黄は、官庁営繕のエキスパートというべき人物であった。彼は、工部大学校における辰野の後輩で、アメリカとドイツに留学している（一八八二―一八八五年）。彼は、議院建設のための内閣臨時建設局に出仕し（一八八六年）、議院建築のために再度ドイツに留学している。彼は、公募に反対であった。公募するくらいなら、公募作品を審査する審査員に設計させればいいじゃないかという考えだったようである。ただ、彼も当然欧米の議事堂やパリ・オペラ座といった名建築の多くがコンペによるものということは知っていたはずである。それでも公募に反対したのは、本音のところで、すでに矢橋賢吉や武田五一等を海外の議事堂視察に出して、彼らを中心にそれなりに準備を進めており、いまさら別の人を公募なんかで選ぶ必要はないと思っていたのではないだろうか。実際、第三次仮議事堂については、すでに矢橋らが設計を担当していたわけだから、そうした考えは理にかなっていた。それに、辰野があまでこだわるのは、自分の息のかかった者を無理やり押し込むための策謀ではないかと警戒したことがあったのかもしれない。

しかし、妻木が亡くなったことで、辰野の主導で公募が決まる。コンペには、一一八通の作品が寄せられた。最終的に宮内庁の技官であった渡辺福三の作品が当選し、一等賞の一万円が授与される。当時の平均月収が四〇円と言われたことから、いかに大きな賞金だったかがわかる。二等賞が六〇〇〇円、三等賞が二人でそれぞれ三〇〇〇円であった。この三等の一人が永山美樹だったが、実は、渡辺と永山は同志で、吉武東里も含めた七人が共同して設計案を作り、第一案を渡辺の名で、第二案を永山の名で出したものであった。

なお、実際には、大蔵省の臨時議院建築局が設計しており、渡辺の作品は外観のデザインが取り入れられただけであった。

現在の国会議事堂

議事堂設計の公募で当選した渡辺福三作品（上）と3等の永山美樹作品（下）

辰野も渡辺も、議事堂を見ることなく、ともにスペインかぜで亡くなってしまう。
なお、国会は、設計公募と深いつながりがあり、新憲法下での国の施設の公募第一号は、国立国会図書館本館建設工事であった。

2 本会議場の構造

本会議場に関しては、およそ二つの構造があり、イギリス系の対面型議場と半円形型議場とを挙げることができる。無論、コスタ・リカのような少人数による四角形の会議体、あるいは中国の全国人民代表大会とか北朝鮮の最高人民会議のような劇場型といったものも見られるが、例としては非常に少ない。

対面型とは、議長席の両側に、対面する形で議員席が設けられているものである。一方で、半円形型とは、議長席もしくは演壇を中心に、議員席が扇型もしくは半円形に設けられているもので、世界的にはこれが大半であり、我が国国会もこの方式を取り入れている。イギリス方式のものは、英連邦のいくつかの国で採用されているにすぎず、オーストラリア議会は両者の折衷型と見ることができる。

まず半円形議場の起源だが、真っ先に浮かぶのは、古代ギリシャの直接民主制の時代の民会である。これは、市民権を持つ成人男性によって構成されたもので、プニュクスの丘に残る遺構を見ると、演壇を中心としたほぼ半円形に近い扇形の形になっている。こうした「車座」の形は、誰もが自由闊達に発言できるもので、いかにも議会の理想像にぴったりするが、実はこれが半円形型議場の起源ではない。

その初例がどこかは明確ではないが、フランス国民議会かアメリカ議会だと考えられる。フランス国民議会は、一七八九年に開かれた三部会が紆余曲折を経て成立したものだが、ベルサイユ宮殿に残された会議場は元オペラ劇場の半円形のものであった。

それとほぼ時期を同じくして、アメリカでも半円形スタイルが登場した。アメリカ議会の所在地は、メリーランド州アナポリスの州議会議場（一七八三‐一七八四年）、ニューヨークのフェデラル・ホール（一七八九年）、フィラデルフィアのコングレス・ホール（一七九〇‐一八〇〇年）を経て、現在のキャピトル・ヒルとなっている。フェデラル・ホールでの当時の議事を描いた絵画を見ると、若干半円形に近い議場が見え、さらに、現在のコングレス・ホールの復元議場はかなり半円形に近くなっている。もしこのあたりが起源なら、フェデラル・ホールの建設が一七八七年から始まっていて、その設計の際には、何らかのイメージは作られていたのだろうから、アメリカの方が早いのかもしれない。

キャピトル・ヒルの設計は公募され、イギリス出身のウィリアム・ソーントンが受賞し、彼の考えに沿って造られるが、最初の下院議場は現在の国立彫像ホールであり、これは半円形型で造られた。こうしたフランスやアメリカの様式を真似て、ドイツやオーストリア・ハンガリーに、半円形議場が続々と造られたのであろう。

一方で、イギリス系の対面型議場の起源を探索すると、フォロ・ロマーノに残っている帝政ローマ期の元老院議事堂（クリア・ユリア）が思い浮かぶ。これは、長方形の部屋で、左右に三段の雛壇が残っており、そこに議員の席が向かい合って設けられていたと考えられている。

だが、これがイギリス型議場の起源なのではない。実は、イギリスも、最初期の課税のための議会のときは、長方形なり正方形の部屋の上座に国王が座り、その左右に聖職者団と貴族団とが陣取り、国王の対面に、課税の対象者たる騎士や商人らの代表が位置するというものだったのである。これが、国王が抜け、聖職者・貴族グループと課税対象者とが同席する必然性を感じなくなると、別々の場所で会合を持つようになった。このことが二院制成立の由来である。騎士らは、ウェストミンスター・ホールの南側にあった絵画の間（Painted Chamber）で会合を開くようになり、これが下院となる。議場は転々としたが、

半円形型議場（ドイツ）

一五四七年に、セント・スティーブンス（St Stephens）礼拝堂を恒常的に使うことになり、これが対面式議場の由来となる。当時は、聖歌隊席が議員席で、これが向かい合う形になっており、下段の方に枢密顧問官ら重要人物が座り、後は来た順に座るというものだった。その後、席がベンチになるなど少しずつ手が入れられ、セントポール寺院を再建したことで有名なクリストファー・レンも傍聴席

を設けるなどの模様替えをしている。しかし、それでも対面式と狭いという基本的状況は変わらず、アイルランド議員が一挙に増加したときにも変わることがなかった。

一八三四年に、暖房の過熱によって議場が焼け落ちて、この設計が公募されることになり、先にも述べたとおり、チャールズ・バリーとオーガスタス・ピュージンの案が採用されることになった。議場は以前よりは広く造られたが、それでも、事務局側の強い示唆によって、対面式で狭くしておくというコンセプトは守られ、三四六人しか座れなかった。一八五二年に完成した議場に多くの議員は落胆し、一〇年余り後に、検討特別委員会が「狭い」との報告を出す有り様だったと聞く。これを受けて、バリーの息子が正方形で全員が座れる議場案を出し、それに沿った改造が有力視されるが、総選挙等に忙殺されていつの間にか忘れ去られてしまう。

対面型議場（イギリス）

一九四一年にドイツ軍の空襲で下院議場は焼け落ち、これを再建するにあたって、当時のチャーチル首相は、これまでのスタイルを維持するよう求めた。下院が全議員を収容できる大きさを持ったり、演壇を設けて発言させることには反対し、狭いところでの会話調の発言がすばやい反論

海外の国会議事堂

アメリカ

イギリス

ドイツ

フランス

と相まって満場感と緊迫感とを生むと訴え、このコンセプトに沿ってサー・ジャイルズ・ギルバート・スコットが造り上げたのが現在の議場である。

ところで、向かい合った一番手前のベンチの前に、二本の赤い線が引いてある。これを「剣線」(sword line)と言う。議事が白熱して、向かい合った者同士が剣を抜きあって決闘しないように、剣二本分の長さの間隔が空けられているのである。かつては剣を帯びて入れたのかと思ってしまうが、実際には、そうした類の記録はない。筆者がイギリスにいる頃、剣を予めつるしておくロッカーのようなものを見せてもらったことがある。

我が国では、第一次仮議事堂のときから半円形であり、ドイツなどの影響を受けてごく自然に採用されたのだろうが、現議事堂建設中の一九三二年(昭和七年)に、議会振粛協議会による「議会振粛要綱」が出され、そこで、自席から懇談形式で議論ができるイギリス式の議場構造を採用することを求めたことがある。

3 我が国議事堂の変遷

一八九〇年(明治二三年)の帝国議会の開設から今日まで、議事堂は、第一次仮議事堂、第二次仮議事堂、広島臨時議事堂、第三次仮議事堂と変遷し、現在の議事堂にいたっている。

明治一四年の政変で、国会開設の詔が出て、一〇年後の一八九〇年には国会が開設されることになり、当然、議事堂の建設が大きな問題となったが、なかなか建設のめどがたたず、正規の議事堂を麴町区（現千代田区）の永田町に建築することだけが、やっと一八八七年（明治二〇年）四月の閣議で決定した。ただ、約束した開設期日には国会を間に合わせなければならず、とりあえず仮議事堂が現在の経済産業省の敷地、当時の内幸町二丁目一番地に造られたのである。資源エネルギー庁が入っているビルのところで、皇居側を貴族院、虎の門側を衆議院とした。ここが第一次から第三次までの仮議事堂の所在地である。

第一次仮議事堂は、ドイツ人のアドルフ・シュテークミュラーがジョサイア・コンドルらの協力を得て、設計したものであった。しかし、職工らが図面を見ても全く理解できないということで、建物建設の入札は、わざわざ十分の一の模型を作ったと言われている（東京日日新聞、一八八八年八月二三日）。落札者は日本土木であった（東京日日新聞、一八八八年一〇月一二日）。

ちなみに、この議事堂は、第一回帝国議会の最中に火災を起こしたが、その原因は漏電だとされ、曾禰荒助衆議院書記官長がその旨議会に報告するとともに、官報号外にも公示したので、営業への悪影響を恐れた東京電灯会社（東京電力株式会社の前身）が同書記官長を告訴している。ただ、最終的には、会社側の敗訴で終わった。

なお、次の議事堂ができるまで、一時的に、貴族院は、華族会館（旧鹿鳴館）そして帝国ホテルを、衆議院は、東京女学館（旧工部大学校）を仮の議場とした。

第二次仮議事堂は、吉井茂則内務技師が製図し、古市公威土木局長と妻木頼黄技師が設計し、日本

第一次仮議事堂

第二次仮議事堂

第三次仮議事堂

第二次仮議事堂の衆議院議場。首相の大隈重信が施政方針演説をしている（1915 年 12 月 7 日）

建築会社が建てている（東京日日新聞、一八九一年二月一七日）。ドイツ人のチーツェも関わったということだが、どこまで主体的に加わっていたのかは不明である。第一次仮議事堂での反省点を踏まえ、火災が広がらないように両院を別々に建築すること、そして、発言がより聞き取りやすくすることに重点が置かれた。この議事堂は、関東大震災にも耐えたが、不幸なことに、その修復中に職人の失火により燃えてしまう。

第三次仮議事堂になると、矢橋賢吉ら大蔵省営繕管財局の職員が設計の中心となっている（一九二五年）。ただ、次の議会まで九〇日ほどしかなかったため、清水組、大林組といった五社に担当区域を分けて競わせ、工期に間に合わせたという。

最終的に、正規の議事堂は、一九二〇年（大正九年）から一九三六年（昭和一一年）までの一七年をかけて建築された。完成したのが昭和一一年一一月だったので、これにちなんで、公共建築の日は、一一月一一日となっている。

動員された職工らは延べ人数で約二五四万人にも上った。議事堂の建設費も膨大で、一九一八年度（大正七年度）から一九三六年度（昭和一一年度）までの一九年の継続費で、最終的に約二五七〇万円になった。完成時の一九三六年の歳出国家予算額（追加予算分も含めて）が約二四億円だったので、それと比較すると、その一・〇七％であり、いかに大きな額だったかがわかる。

国会議事堂は、我が国でもっとも有名な建物だと言っていい。それだけに、これにあやかった建物が造られた。たとえば、一九四七、八年頃のことだが、ヱスビーの板橋工場も、一部議事堂に似せて作られ、そのカレー粉の缶にも、国会議事堂の絵が描かれている。

また、選挙に立候補することで有名だった故羽柴誠三秀吉氏（本名三上誠三）も、自分がオーナーを務める旅館「秀吉のやかた」を、国会議事堂そっくりに造っていたが、火事で焼失してしまい、現在のところ再建されていない。

4 永田町の由来

衆議院と参議院の住所は、千代田区永田町一－七－一である。また、首相官邸は、同じく永田町の二－三－一である。このように立法府と行政府とが同じ町にあるため、いわゆる政治の中心、権力の中心を表象するものとして、「永田町」という言葉が使われる。たとえば、「永田町の論理」とか「永田町言葉」、「永田町の住人」等である。一般的には、世間の常識と違う権力的な人々が住み、独自の思考を働かせているということで、ネガティブな意味で使われることが多いようである。

地名とか建物名で権力を指すことは世界共通に行われることで、アメリカで言えば、ホワイトハウスやキャピトル・ヒル、イギリスでは、ダウニング一〇とかホワイトホール、ロシアでは、クレムリン、中国では、中南海といった塩梅で使われる。

本章の3でも述べたが、かつて帝国議会は現在の経済産業省別館のところ、住所で言うと内幸町二丁目にあり、第一回帝国議会から二・二六事件後の第六九回議会まで使用された（途中、広島の臨時議事堂での開会があるが）。その後現在地に移転している。その点では、ずっと「永田町」に設けられ、その後現在の国会議事堂の敷地には、枢密院が置かれ、陸軍省・参謀本部も憲政記念館や衆議院の駐車場、旧社会党本部のところにあって、当時から、永田町は権力の中心であり、国会が移ってくる前から、「永田町」という言葉は権力的なもの、あるいは軍部を表象する意味で使われていたようである。一方で、首相官邸は、現在の衆議院第二議員会館のところに設けられ、そ在の国会議事堂の敷地には、歴代首相は住んでいることになる。現

議会が置かれた内幸町については、筆者が調べた限りでは、特に議会とか権力とかを象徴する言葉として使われた形跡はないようである。ただ、衆議院は「日比谷座」と呼ばれていたようで、刺激や娯楽の少ない当時、議員の演説や繰り広げられる騒動は、一部国民の大きな関心事で、かなりの人が押し寄せたという。出し物によっては、ダフ屋みたいなのが傍聴券を高く売りつけていたという当時の新聞報道もあるほどである。

ところで、なぜ国会議事堂周辺を「永田町」と言うかというと、かつてこのあたりに「永田」姓の旗本が住んでいたからである。古い地図を見ると、現在の衆議院参観者ホールの入口あたりになる。国会議事堂の敷地の大半は、広島安芸藩の屋敷であったが、まさか将軍のおひざ元で、外様大名の名

を冠した町名を付けるわけにもいかないので、やむをえず小さい旗本の名を取ったのだろう。

永田氏は、もとは織田信雄の家臣だった永田久琢《ひさかつ》が徳川秀忠の旗本となり、この地に屋敷地をもらったことが始まりのようである。慶長の頃には、永田傳十郎が住んでいたらしい。その後、この地は、永田馬場と呼ばれるようになり、明治に入って、正式に「永田町」と呼ばれることになった（一八七二年）。

なお、国会の構内の土地は、衆議院側も含めて多くが参議院の名義になっている。もともと貴族院が所有していたからだが、戦後に衆参できれいに折半し、これを大蔵省に届け、また公式にもそれを発表しているが、特に名義の変更の必要性を認めなかったため、名義だけはそのままになっているのである。

5　国会議事堂の威容

国会議事堂は、我が国が初めて完成させた鉄筋鉄骨の大規模建築である。建物は、両翼二〇六メートル、最大奥行八九メートル、建築面積一万三〇〇〇平方メートル強、延床面積五万三〇〇〇平方メートル強である。部屋数四四九室、議事堂のメインの廊下には赤じゅうたんが敷かれており、その長さは衆参合わせて四六〇〇メートルにも及ぶものである。

使われた石材は約二万八〇〇〇トンで、これを三〇センチの立方体に加工して積み重ねると、富士

鉄骨組み立て工事中の国会議事堂

山の約三〇倍もの高さになるという。また、使用した鉄筋は約五五〇〇トン、鉄骨は約九八〇〇トンにもなる。ちなみに、東京タワーは約四〇〇〇トン、東京スカイツリーは約三万六〇〇〇トンである。

これだけの建物を大正から昭和にかけて造ったのだから、その苦労が並大抵でなかったことは想像にかたくない。たとえば、この鉄筋鉄骨部分を受注した日本帝国製鉄所も、当時の年間生産能力は約一五〇〇トンであり、フル稼働しても一〇年近くかかるものだったが、国産で賄うという大方針の下、無理に無理を重ねて数年で作り上げている。そして、この鉄筋鉄骨だけを小倉の枝光の地で組み立てて、寸分のくるいもないことを確認してから、これを解体して東京に運んでいる。ただ、関東大震災により、鉄骨の一部が横浜港で伝馬船ごと沈没したり、荷揚げが困難となって一旦函館港に回り、再度翌年に荷揚げがなされたりするなどの不運にも遭っている。

なお、この関東大震災は、こと帝国議会に関しては、それほどの被害を与えず、第二次仮議事堂が無事であったのみならず、この建設中の議事堂もちょうど基礎工事中であって、石材の若干に被害があったくらいで済んでいる。

本会議場は衆参で同じ大きさであり、七四四平方メートル、四五〇畳にもなる。ただ、その構造には幾分かの違いがあり、参議院には、議場正面に、天皇が開会式で使用する「お席」が設けられている。そして、その反対側、一般傍聴席の中央部に、天皇の傍聴席がある。他の傍聴席としては、皇族席、貴賓席、衆議院議員席、外国外交官席、第一・第二公務員席がある。一方、衆議院には、天皇の傍聴席、貴賓席（皇族用も含む）、参議院議員席、外交官席、公務員席、一般傍聴席が設けられている。

衆議院本会議場

衆議院議員の現在法定数（二〇一六年〈平成二八年〉公布の公選法改正）は四六五であるが、議席は四八〇である。これは、二〇〇〇年（平成一二年）の定数削減の際に議席を四八〇に減じてから変更していないためである。議席の撤去には莫大な費用と時間がかかることがその理由の一つと言っていい。なお、参議院では、法定数が二四八なのに対し、設けられた議席は四六〇である。これは、帝国議会時の議席数を変更していないからである。

議場内には多くの彫刻が施されているが、これは音響効果をよくするためだと言われている。これらの彫刻にはそれぞれ意味があり、たとえば、天皇の傍聴席には、皇室を表す鳳凰や桐が彫られている。また、参議院議員席から外交官席までを囲むようにも彫刻が配されているが、これらは、士農工商を表す盾

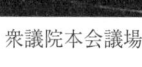

本会議場の彫刻。盾と剣(左上)、稲穂(右上)、ハンマー(左下)、マーキュリー(右下)で士農工商を表す

と剣、稲穂、ハンマー、マーキュリーである。それぞれの身分が相争うのではなく、ここで議論して物事を決めていくべきだとの趣旨からである。多くの職人が彫ったにしては、どれも均質で、あたかも一人で彫ったかのような感じを与えるが、これは、設計図に描いたものを一旦石膏に落とし、これを基準に彫らせたからである。いかに多くの手間がかかったかがわかるだろう。

6　国会議事堂の中央塔

国会議事堂は、何度も切手の題材になったり、戦後すぐの十円札や板垣百円といった紙幣にも取り入れられ、また、五円硬貨にも使われた。その中心を飾る中央塔は九階建てで、高さが六五メートルあり、完成時は日本最高であった。ちなみに二番目は、三越日本橋本店であった。余談だが、議事堂ができたときにはすでに関東大震災で消失していた浅草の凌雲閣は、当初、高さ二二〇尺(六六・七メートル)と宣伝されていたが、後の再調査で五二メートルと修正されている。議事堂が日本一の座を譲ったのは、一九六四年（昭和三九年）に東京オリンピックに合わせて造られたホテル・ニューオータニである。

中央塔の内部には広いロビーがあって、法隆寺の五重塔がそっくり入る大きさである。

ここの四隅の内の三隅に、三体の銅像が立っている。伊藤博文、大隈重信、板垣退助であり、それぞれ建畠大夢、朝倉文夫、北村西望が彫塑した。これらは、明治憲法制定五〇年を記念して、憲法の制定に貢献した偉人として作られたものである。

このうち、板垣退助像については、右手がポケットに入っており、出来上がりの最終盤にこれを見学した貴族院関係者から、これは不敬ではないか、手を出させてはどうかという指摘があったとされるが、北村西望自身は絶対の自信作で、もし嫌なら別の人に頼んでほしいと言ったと伝えられている。作品の良さもさることながら、時間的に別の人に頼むことも難しく、結局は、芸術品として設置が認められた。

大隈重信像は、朝倉文夫が生涯に三体造ったうちの最後の作品である。最初のものは、芝公園に設置されたが、金属供出で現存せず、第二のものが早稲田大学の大隈総長像である。

ついでの話ながら、台座は当初から四つ準備されており、なぜ彫像を四体設けなかったのかと言われるが、その正確な理由は不明である。ただ、いくつかの説がまことしやかに囁かれており、一つは、政治は未完成であって、四つとも設けると、それで完成してしまい、後は衰退していくことを恐れたとか、三体の彫像は長州、肥前、土佐出身者で、いわゆる薩長土肥からすると薩摩だけ欠けており、薩摩出身者を当てる予定だったが、適当な人がいなかったとか、あるいは、議事堂を訪れた人に、あのような銅像にしてもらえるような政治家になりなさいと励ましているなどと言われている。銅像が設置される前年、建畠大夢が伊藤博文の銅像の原型を作った際に新聞の取材に応じているが、その記事の中に、一つの台は将来の功労者のために保留すると書かれており（東京朝日新聞、一九三七年一二月二八日）、最後の理由が正しいと考えられる。

国会議事堂の中央広間

現在、五階以上は入口に封印がしてあり、許可なく立ち入ることができない。参議院が管理していて、特に学術的な調査等のときのみに参議院の衛視が案内してくれることになっている。ただ、かつては簡単に入れたらしく、八階の広間は戦後直後は職員のダンスの練習場所になっていたようである。以前はそこに英語の落書きが残されていたため、ＧＨＱ（連合国軍総司令部）がダンスパーティーをしたという風に話が誇張され伝えられていた。

7　議事堂建設にかかるコンセプト

議事堂を建設するにあたってのコンセプトは、国産で賄うというものであった。当時は、国産といっても、朝鮮半島や台湾、満州までも含まれており、記録によると、樺太からはエゾ松、台湾からはペンキ用カーボンブラック、満州からは胡桃やモルタル用アスベスト等が持ち込まれたようである。また、国内を見ると、伊豆大島から火山灰が提供されているが、何に使われたのか不明である。だが、それでも、全てを賄うことはできず、三つの品が輸入された。ステンドグラス用のクリスタルガラス、ドアの鍵、そして、メール・シュートであった。前者がイギリス、後二者がアメリカからのものである。

議事堂のステンドグラスそのものは、ドイツ等で研鑽を積んだ宇野澤辰雄やその弟子だった別府七郎らによって製造されている。しかし、その原材料である鉛ガラスがイギリスから持ち込まれたのである。鉛ガラスの原材料やその配合具合は各社でまちまちであり、よいものを使おうとすれば、当時はイギリスから輸入するしかなかったのだろう。

アメリカから輸入された後二者は、技術的、物理的な障害からではなく、特許等の関係で輸入せざるをえなかった。ドアの鍵は、サージェント社製のピン・タンブラー錠であり、要は、マスター・キー機能を持っていて、これがアメリカの特許だったのである。

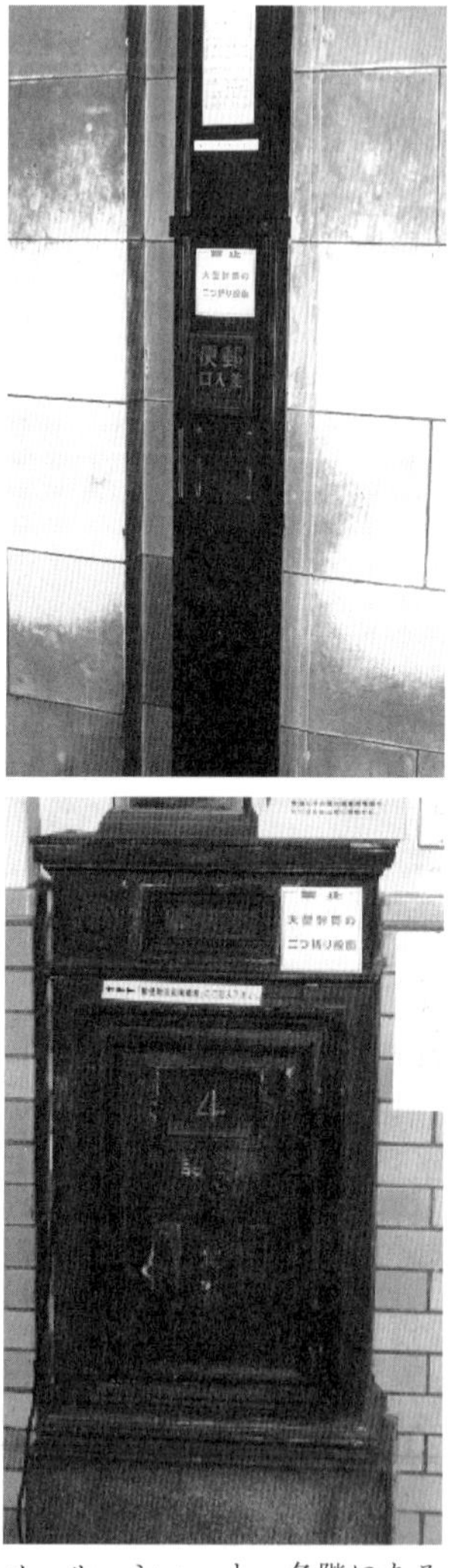

メール・シュート。各階にある差入口（上）と地下１階にあるポスト

メール・シュートとは、簡単に言うと、ポストである。つまり、四階から地下一階まで通じていて、各階の差入口から手紙を入れると、地下一階のポストに落ちるというものである。なぜこんな単純なものにアメリカの特許があったかと言えば、一九世紀に、ニューヨーク州ロチェスター市の市長だったジェームズ・カトラーが、摩天楼の時代を迎えて、どうしたら効率的に手紙を集められるかを考えて作ったものであり、そのアイデアがアメリカ議会に認められ、その特許が認められたからである。日本では、明治生命ビルが最初に導入し、議事堂は第二号であった。現在では、衆参に、合計六基設置されている。ただ、このポストの欠点は大型封筒が入らないことであり、かつては無理やり入れられたそれらの封筒が途中で止まっているのが散見された。

ところで、現在では、この国産で賄うというコンセプトは守られていない。たとえば、トイレなどは頻繁に改修されているが、そこで使われている大理石は、イタリアなどの海外から来たものである。国産の大理石などは採れないし、採れたとしても、とても高価で買えないからである。

エピソード 2

衆議院に寄贈された絵画

現在、衆議院には、多くの寄贈された絵画がある。全てを展示することもできず、一部の絵画を議事堂内や議長公邸等に飾るだけで、その多くは秘書課の保管庫にしまってある。

その展示作品の中で、特に紹介したいのは、二つの時期にわたって、当時の日本画壇の巨匠たちから作品をいただいたということである。一つは、現在の議事堂が竣工してからしばらくして寄贈されたものであり、当時の岡田忠彦議長、内ケ崎作三郎副議長が議事堂内を見て、美術品がきわめて少なく、もっと美術品が飾られていれば、戦争で苛立っている議員の気分を和ませ、英気を養わせることにもなり、ひいてはそれが審議に反映して、よい議会審議が実現するのではないかと考えて、当時の画壇の巨匠たちに作品の寄贈をお願いしたものである。実際、他の国の議事堂には多くの美術品が飾られている。たとえば、フランスでは、議事堂自体が元から宮殿であった上に、ドラクロワの絵画の間等があるし、同じく、筆者が滞在したイギリスも、議事堂の前身は宮殿であり、かつロイヤル・ギャラリーを飾るのは、ダニエル・マクリースの「ワーテルローの戦い」と「トラファルガー海戦」という二枚の大作であった。アメリカでも、コンスタンチーノ・ブルミディの「ワシントンの神化」がドームの内側に描かれたり、また、旧下院議場自体が現在では彫像ホールになっている等、多くの美術品が展示され、人々に感銘を与えてきたのである。

岡田議長らは、大木操書記官長を通じて、横山大観、安田靫彦、川合玉堂、上村松園らに絵画の献納をお願いし、それら巨匠の大いなる賛同を得たのだが、ときすでに太平洋戦争に突入しており、結局は、橋本関雪伯の「香妃戎装」が献納されたのみであった。これは現在議長室に飾られている。大木の回想によると、空襲の激しい一九四四年（昭和一九年）の師走に、車の屋根に括り付けて院内まで運んだという（大木、一九八〇年、三四一－三四六頁）。その後は、東山魁夷伯が絵画を寄贈される等、そのときどきでの個別の寄贈はあったが、第二の寄贈の時期は綿貫民輔議長のときであった。議長がそうした過去の経緯を聞かれて、再度大山忠作、松尾敏男、上村松篁、中路融人らの画壇の大御所に絵画の献呈をお願いし、これを河野洋平議長も引き継がれたというものである。その多くは、現在、二階の本会議場を取り巻く形で展示してある。

実は、筆者は、この絵画寄贈に関係した思い出がある。河野議長の秘書課長のときに、奥谷博伯に絵画のお願いに上がれとのご指示があり、先生の逗子のご自宅に伺ったことがある。そのとき、画伯から、どういう絵がいいかと聞かれたので、勝手に海の絵はいかがでしょうかと答えると、画伯は、自分は渦を描くのが得意なので、それでいいかと言われ、それでお願いしたのである。これも、現在議場東側入口を飾っている。

第5章

議員

1　女性議員の進出の歴史

現在、国会にどれくらいの女性議員がいるかというと、衆議院が四八名、参議院が六六名である（二〇二四年二月現在）。比率からすると、それぞれ全体の一〇・三%と二六・六%である。我が国の女性議員は国際的な比較で見ると少なく、列国議会同盟（IPU）の調べ（同年同月）では、アメリカの下院一二六名、上院二五名、イギリスの下院二二五名、フランス国民議会二一五名の女性議員がいて、その割合は、順に、二九・二%、二五%、三四・七%、三七・三%となっている。中でもフランスは、一九九〇年代前半、EU諸国の中では女性が議員職や公職に占める割合が最下位に近かったが、一九九九年の憲法改正から二〇〇七年のパリテ法にいたるまでの一連のパリテ（男女同数）強化策によって、女性の議員数は飛躍的に増大した。ちなみに、世界でもっとも女性議員の比率が高いのはルワンダで、八〇人中四九人の六一・三％である（同年同月現在）。

我が国において、国会に女性議員が進出したのは、帝国議会下、一九四六年の第二二回衆議院総選挙のときで、三九人の女性代議士が誕生した。その後の女性の活躍はめざましく、一九九三年には、土井たか子氏が衆議院議長に、さらに二〇〇四年には、参議院でも扇千景氏が議長になった。

世界で最初に女性議員が誕生したのはフィンランドで、一九〇七年の第一回総選挙で一九人が選ばれた。近代議会制度の母国イギリスは意外に遅く、一九一八年に制限的ながら女性の参政権が認められ、その年の総選挙に一七人の女性が立候補している。その中には、女性参政権運動を主導した女性社会政治連盟創設者パンクハーストの娘もいたが、のきなみ落選し、ポーランド貴族と結婚した伯爵夫人コンスタンス・マーキービィクスが、ダブリンのセント・パトリック区（アイルランド独立以前のこと）から、シンフェイン党の候補として立候補し、唯一当選した。ただ、党の方針で、当選しても議会での宣誓を行わなかったので、正式に議員になることはできなかった。それゆえ、最初の下院議員としての栄誉は、その翌年に補欠選挙で当選してきたナンシー・アスターに譲ることになった。彼女はアメリカ人だったが、プリマスのサットン区選出下院議員だったイギリス人のウォルドルフ・アスターと結婚し、彼がその後父の爵位を継いで上院議員になったため、その補欠選挙に出て当選したのである。彼女の提出した法案で、最初に法律として成立したのは、一八歳以下の人の飲酒を禁じる酒法であり、一九二三年のことであった。

アメリカでは、ジャネット・ランキンが、一九一六年にモンタナ州から下院議員に当選している。合衆国憲法修正第一九条による全州への女性参政権付与が一九二〇年なので、その四年前のことである。彼女は第一次世界大戦及び第二次世界大戦（対日戦）の両大戦への参戦に反対した唯一の議員だったと聞く。

なお、広く女性の活躍ということで言うと、先に名前を挙げたマーキービィクスは、イギリス統治下のアイルランド（イギリス連邦下のアイルランド自由国ができる直前）で労働大臣を務めたが、これはヨーロッパで二番目に早い記録であった。

ジャネット・ランキン

また、世界初の女性の国のリーダー（女帝、女王等を除く）を探すと、セイロン（現在のスリランカ）のシリマヴォ・バンダラナイケ首相がいる。彼女は、一九六〇年から三回、計約一八年間務めている。先進国で言えば、イギリスで、一九七五年に、マーガレット・サッチャーが初の女性首相となっており、一九九〇年までの約一五年間その地位にあった。

議会で言えば、すでに第二次世界大戦前の一九二七年のオーストリアで、議長が誕生している。議会のトップに女性が就くのは比較的早いともに、その例も多い。イギリスの一五五代の下院議長のベティー・ブースロイドは、労働党出身で、一九九二年から八年間務めている。かつて、「テイラー」という、日本で言えば浅草松竹歌劇団のようなところでラインダンサーをしていた異色の経歴を持った人物である。アメリカでは、ナンシー・ペロシが下院議長を務めた。

2　不逮捕特権の意味

不逮捕特権とは、基本的に国会の会期中には議員は逮捕されず、それ以前に逮捕された場合は、国会の要求があれば会期中釈放しなければならないというものである。こうした権利が認められるのは、清宮四郎によると、「議員の身体の自由を保障し、政府の権力によって議員の職務の遂行が妨げられないようにする」ためである（清宮、一九七一年、二二三頁）。同じく佐藤功も、それに加えて、「政府が反対党の議員を政略的に逮捕し、不当に議会を支配しようとすることを防止するため」だとする（佐藤、一九七四年、三二七頁）。しかし、こうした論理は建前であって、実際には罪を犯した議員をかばう悪い特権の一つだと考える人は多い。これをまともに擁護する憲法学者も少なく、実際、清宮も、「もともと立憲君主制のもとに政府が国会のコントロールの外にあり、政府の権力により議員を逮捕することによって、国会の独立性をおびやかす可能性があった時代には意味があったが、議会政治の発達した今日の諸国では、かえって、その政治的濫用と刑事裁判に対する悪影響とのために、憲法上の存在意義について疑問がもたれるにいたっている」と言っているくらいである（清宮、一九七一年、二一五頁）。

この特権は、英語で、Freedom from arrest と言う。イギリス議会では、特に議長の就任時、議長が、国王に対し、討論の自由、謁見の自由とともに、この逮捕からの自由を含めた三つの自由を願い出るのが慣例になっている。

この本来の意味は、六世紀頃のサクソン時代にまで遡るもので、国王の用務で旅行する者に対し、妨害を働いた（arrest）者には、通例の倍の罰金を払わせるというものであった。その後、この妨害人の範疇には、単なる追剝や盗人だけでなく、公的機関も含まれることになった。つまり、他人の借金の保証人になると、その借財が払えなければ、議員とて例外なく収監されたが、それでは、議会の開会やその進行に差し障りがあるとして、一三世紀頃に、議員がロンドンの議会に出向いたり、故郷に帰る際、そうした理由で収監するような裁判所のいかなる措置も停止するものと決められたのである。一四〇三年のヘンリー四世の時代には、不逮捕特権は開会前閉会後それぞれ四〇日間認められることになった。一四二九年には、反逆罪等を除き、不逮捕特権が成立することが認められた。一五四三年のフェラーズ事件のときには、保証人だった議員が逮捕されたことに対し、庶民院は、最高裁判所でもあった貴族院に議院侮辱罪のかどで提訴するとともに、執行官や看守等を独力で投獄し、ヘンリー八世がこれを容認したことがある。

ところで、この特権は、あくまでも国王の用務が最優先だというもので、国王に対する犯罪等による逮捕を免除するというものではなかった。しかし、現在では、逆に政府側による逮捕を妨げることに主目的があり、その意義が全く逆転している。清教徒革命のきっかけになった事件として、チャールズ一世が、増税等に反対していた議員五人を大逆罪で自ら逮捕しようと下院に乗り込んだことがあるが、彼らは別段罪を犯したのではなく、国王の政策に議会等で反対しただけなのだが、これを大逆罪とする国王から彼らを守るためには、「発言の自由」を盾とせねばならず、この自由を実質的に担保するものとして、不逮捕特権が新たに構成し直されたと考えるべきであろう。

ところで、我が国での不逮捕特権の歴史を見ると、第一回帝国議会が始まる前に委託金を私的に流用したかどで逮捕された森時之助議員を、衆議院は、院議による許諾がなければ勾留できないとの動議を可決するが、当時は、開会以前に逮捕された者は、国会の要求があれば会期中釈放しなければならないとの規定もなく、政府側がすでに行っている刑事訴追を停止することはできないとし、結局政府側に押し切られる形で終わったことがある。帝国議会では、これ以外に不逮捕特権が問題になったことはない。

戦後の国会においては、この反省から、開会以前に逮捕された者は、国会の要求があれば会期中釈放しなければならないとの規定を加えた。

ただ、実際に、政府の過剰対応、不当逮捕と見られる事案はほとんどなく、大半が金銭がらみの事件であるため、冒頭に述べたように、国民の多くからすれば、悪い議員をかばう特権だと見られる傾向が強いのはやむをえないことかもしれない。

3　議員の辞職

議員というのは、多くの人々の投票で選ばれるものであり、本来なら自分で勝手になり、勝手に辞めるといった自由はない。少なくとも、多くの人の信任を背景にし、そうした人たちのために働くことからすると、議員たる地位を自分の一存で決定する自由は認められるべきではないだろう。無論、病気になって立ち上がったりできない人に、どんなことがあっても議会に出席しろ、代表して自分たちの意見を言えというのも当然酷なことである。また、議員がそうした状況では、選挙民らも自分たちの希望や陳情が正しく国王や統治者、あるいは同僚議員とか他の国民等に伝わらないこともあり、選挙民にとっても無益である。こうした誰が見ても議員がその職を継続することが困難な場合に、その議員の地位を放棄することが認められると考えるのが、議会制度の母国イギリスである。原則としては、一六二四年三月二日の下院決定により下院議員は自分の私的な都合で辞職することはできないが、それでも、肉体的な不都合等で議員の職務を継続できない場合がありうるので、一七世紀終わり頃から、その方策が考えられてきた。もともと下院議員になる目的の一つは、国王の下の有給の職を得るとか、政府との契約を獲得するといったことであったが、それが一七〇一年の王位継承法によって禁じられたため、逆に国王の下で有給の職を得たら議員の身分を失うというシステムを作り、これでもって議員を辞めたい人の手続きとしたのである。国王の下の有給の職等を得るのを禁止したのは、議員の大きな職責は、国王の統治を厳しく監視することであり、もし国王の下僚となったら、公平で有効な調査ができないと考えられたからである。そうした職はかつては多くあったが、徐々になくなり、現在では、チルターン・ハンドレッドの代官（Steward Bailiff of Chiltern hundred）と、ノーシュテッド・マナーの執事及び差配人（Steward or Bailiff of the Manor of Northstead）だけが残っている。ただ、チルターン・ハンドレッドについては、ストーク、デスバラ、バーナムの三つがあり、ノーシュテッド・マナーの二つの職と合わせると、都合五つのポストがあることになる。なお、これらの職は、現在では全く形式的なもので、給与等は支払われない。辞職したい場合は、議員は、大蔵大臣に対して、これらの職への就任を求め、それが認められたなら、次の人が任命されるか、あるいは自発的に辞めるまでは、その職にある。

一方、我が国では、これほど厳しくは考えられず、最初から議員辞職の道を開いている。議院法第八三条に、「衆議院ハ議員ノ辞職ヲ許可スルコトヲ得」と定めたのである。第一回帝国議会が召集される前から辞職者はいたが、判事に任命されたとかであって、自分の自由な意思で辞職した最初の議員の一人が中江兆民である。第一回帝国議会の一八九一年（明治二四年）二月二一日に、アルコール中毒のために歩くのも困難で、採決の数に加わるのも難しく、辞職したい旨を記した辞表を提出している。その日付の立憲自由新聞には、その本当の理由として、予算委員会での顚末に失望したことが原因だと書かれている。憲法第六七条には、歳出を廃除、削減する場合は政府の同意が必要と定められていたが、その同意は議決前に必要かが問題となっていたのである。つまり、それなら、政府が同意するわけはなく、否決することができないということになる。政府に近い議員から、一月八日と二月五日に、事前に必要との緊急動議が出され、いずれも否決されたが、二月一六日になって、本会議で、山縣有朋首相及び松方正義大蔵大臣から、このまま予算が成立しなければ解散するとの脅しがあり、二月二〇日に、これまで否決されたのとほぼ同趣旨の緊急動議が可決されるのである。こうした様子に失望したというのである。

ただ、一方で、中江の性格や態度にも起因するところがあったと考えられる。中江は、今でこそ「社会契約論」を翻訳した偉大な思想家と認知されているが、当時はそれほどでもなかったようで、どちらかと言えば、変人扱いされていたようである。たとえば、読売新聞は、たいして問題のない法案は満場総起立なのに、中江は、それでも立ったことがないとし、腰抜け呼ばわりしている（読売新聞、一八九一年一月一〇日）。そもそも何に賛成していいのかわからず、いちいち隣の議員に意見を聞いていたともされており（朝野新聞、一八九一年一月一八日）、早晩辞職することは確実だったのかもしれない。また、ささいなことだが、弁当が高いので、彼はいつも握り飯を持参して食堂で食べていたらしい（朝野新聞、一八九〇年一二月一一日）。当時の人からすると議員は、常にモーニングやフロックコートを着なければならないノブレス・オブリージェのはずなのだが、そうした御仁とも思えない

中江兆民

振る舞いだったのである。この辞表の件は、二月二七日、九四対九三というきわどい差で可決された。

4　除名の歴史

我が国議会の歴史を見ると、衆議院が一三三年余、貴族院が五七年弱、参議院が七六年強の歴史を持っている（二〇二四年四月現在）。衆議院は、その成立を帝国議会からカウントすることになっており、実際、衆議院議員選出のための総選挙の回次は一八九〇年（明治二三年）総選挙を第一回として数える習わしになっている。この長い歴史の中で、除名された議員は、衆議院が四人、参議院が二人であり、貴族院にはいない。

衆議院では、順に、星亨、西尾末広、齋藤隆夫が帝国議会時代、川上貫一が国会になってからである。星は、珍しいことに、現職の衆議院議長でありながら、除名を受けた唯一の議員である。

まず第一号の星だが、株式の全国取引所の顧問になったり、政商と待合茶屋で会ったことが衆議院の体面と栄誉を汚したとして、一八九三年（明治二六年）の第五回帝国議会開会早々の一一月二九日、信任欠乏の決議がなされている。彼には、多くの暗部があり、相馬事件にからんで悖徳事件を起こして、弁護士懲戒を受けたこともある。こうしたことを政敵に突かれたのだろう。大井憲太郎らは、星が板垣退助を党の総理にかついで、自由党の実権を握り、第二次伊藤博文内閣と協調関係を結んだことに強く反発しており、そうしたうわさを立てて、失脚を目論んだということは十分にありうることであった。

しかし、問題はその後であった。信任欠乏決議可決後すぐに議長席に着いて議事を進めようとしたり、その翌日も、どこ吹く風とばかりに、再度議長席に座って議事を執り行おうとしたので、その日は臨時の休会となり、とうとう翌々日には、楠本正隆副議長名による「衆議院は星議長を信任せず、かつて陛下に議長への勅任をお願いしたのは間違い」とする上奏案が可決されるのである。

星亨

これに対し、天皇からは、単に自分たちの不明を恥じているのか、その趣旨がわからないので、もう一度もっと院議を尽くせとの思し召しがあり、衆議院は、不明を恥じているだけですという内容の上奏案を、可決するのだが、その後の展開はそれだけでは済まなくなる。同日の本会議で、以前の信任欠乏決議の審議にあたって副議長に席を譲った際、星が「自分の信任問題等不当なことで、どういう結論になろうと、自分はそれを守る責任はない」と言って退出したことを問題とする懲罰動議が可決され、懲罰委員会での審査を経て、一二月五日には、秘密会での審議を経て一週間の出席停止が決まるのである。

ところが、星は一二日、まだ懲罰期間内だったのに、再度議長席に着く等、反省の色が見えず、再度懲罰動議が出され、別の懲罰動議とともに可決され、懲罰委員会での審査を経て、一三日の秘密会での審議後、除名が宣告された。

なお、衆議院議長は勅任官であったため、除名の決議の執奏を首相に要請し、認められた。

次の西尾は、一九三八年（昭和一三年）の第七三回議会での国家総動員法案の賛成討論において、近衛文麿首相に対し、激励の意味で、「ヒットラーのごとく、ムッソリーニのごとく、あるいはスターリンのごとく確信に満ちた指導者たれ」と言ったことに対し、スターリンの名を出したことは問題だとされ、懲罰委員会に付された。その後の本会議の秘密会では、西尾の弁明の後、尾崎行雄は懲罰に反対して、西尾の言辞を真似て、「近衛首相は、ヒットラーのごとく、ムッソリーニのごとく、あるいはスターリンのごとく大胆に日本の進むべき道を国民に示してほしい。私は西尾と違ってこの言葉を取り消さないので、西尾の前に自分を除名せよ」と迫ったが、相手にされず、西尾だけが除名となった。

続く齋藤は、一九四〇年（昭和一五年）の第七五回議会における米内光政内閣施政方針演説に対する質疑で、支那事変処理に関し、いわゆる「反軍演説」をしたということで、除名となった。軍部からすると、彼には、二・二六事件直後の第六九回議会での粛軍演説という前科があり、そのときは、軍人が事件の首謀者だったということでおとなしくしていたが、今回は許さないぞということだったのかもしれない。

先に、貴族院には除名された者はいないとしたが、あやうくその難に遭いそうな人はいた。それは、津村順天堂の創立者である津村重舎で、齋藤が粛軍演説をした第六九回議会において、永田鉄山陸軍省軍務局長斬殺事件に関して、「兵卒の方が将校よりも大和魂を持っているのではないか」と言って軍部を怒らせ、貴族院で初めて提出された懲罰動議が可決されてしまうのである。ただ、委員会付託後に辞職したので、懲罰事案そのものは消滅してしまった。

川上は、一九五一年（昭和二六年）の第一〇回国会における吉田茂内閣の施政方針演説に対する質疑で、朝鮮戦争や吉田内閣の単独講和を鋭く批判し、あたかも革命を礼賛しているかのような言辞があったとして、懲罰動議が可決された。委員会での審査を経て、本会議では議場での陳謝を命じられたが、陳謝文の朗読を拒否したため、最終的には除名となった。今だと、これくらいのことで、ということになってしまうのだが、ただ、当時は、一般人はGHQを批判することはできず、議員だったらいいのかといった意見もあり、ある意味穏便に済ますつもりで、本会議場での陳謝となったが、これに従わなかったとして、除名になったのである。

参議院では、小川友三議員とガーシー議員の二例がある。まず、小川友三議員の場合、直接のきっかけは、一九五〇年（昭和二五年）の第七回国会において、予算の反対討論をしておきながら、賛成票を投じたことであった。このとき、佐々木良作議員が投票は無効との動議を出そうとしたところ、佐藤尚武議長がその発言を認めなかったので抗議したことがきっかけとなって、議長発議で懲罰委員会に付することになったと言われている。

ただ、小川議員は親米博愛勤労党という政党の党首で、日頃の品行に問題があり、議員バッヂの紛失届を出しては、バッヂをいくつも手に入れ、これらを取り巻きにつけさせるなどの行動をしていたことに、他の議員の顰蹙を買っていたこともある。

ガーシー議員の場合は、国会の召集に応じなかったためである。もともとアラブ首長国連邦のドバイでユーチューバーとして活動しており、現地にとどまったまま、二〇二二年七月の参議院通常選挙において、ＮＨＫ党から立候補し、比例当選している。しかし、当選後も帰国せず、その後の二回の臨時会を欠席し、翌年の常会の召集にも応じなかったため、尾辻秀久参議院議長は、帰国して国会の召集に応じるよう求める招状を発している。だが、これに応じなかったことから、参議院は、二月に、公開議場における陳謝を命じ、これにも正当な理由なく応じなかったため、三月に同議員を除名した。

ガーシー議員が帰国を渋ったのは、俳優ら四人を動画投稿サイトにおいて脅迫等をしたということで逮捕されることを恐れたためである。

5　議員の服装

国会でも五月から九月末までの約半年間はクール・ビズとなり、軽装が許される。これは、地球温暖化にともなって、省エネ、電力節約のために導入された措置である。無論、軽装と言っても、Ｔシャツ・ジーパンといったものは認められない。国民に大きな影響を与えることを決定する場であり、それなりの品位と厳粛さは要求される。衆・参とも、本会議では、上着着用でネクタイ不要、委員会では、その上着も不要で、ワイシャツで可となる。

しかし、帝国議会では、逆に完全な正装で出ることが求められ、衆議院規則第一七一条、貴族院規則第一五九条とも、羽織袴、フロックコート、モーニングコートの着用を定めていたのである。当時は、背広でさえ略服として着用が認められず、第一回議会で、背広らしきものを着用していた政府委員は、議長の指示でモーニングコートに着替えさせられたほどである（一八九一年二月二三日）。その後も背広姿の議員が注意を受けたり、退場を命じられたりしていたが、世間でも背広が広く着られるようになった一九二〇年（大正九年）の第四三回議会で、衆議院は規則を改正し、無地またはこれに準じる折襟背広の着用を認めた（七月二八日）。貴族院の方は規則はそのままであったが、その三年後の一九二三年（大正一二年）の第四七回議会召集直前の各派交渉会（一二月五日）で、関東大震災の影響もあり、当分の間背広の着用も認めることになった（『自第一回議会－至第七四回議会　貴族院先例録』二六九頁）。戦争色が強まってきた一九四〇年（昭和一五年）の第七六回議会では、国民服が認められ、戦後のモノのない時代には、もんぺ姿の婦人議員も認められた（第九〇回議会衆議院各派交渉会〈一九四六年六月一八日〉）。

しかし、国の復興が進むにつれ、しだいに装いがファッション化するようになり、それが問題化したことがある。衆議院規則第二一三条、参議院規則第二〇九条が、議場に入る者は、帽子、外套、えり巻、かさ、杖の類を持って入ってはならないと定めていたが、一九五一年（昭和二六年）の第一二回国会で、山口シヅエ、堤ツルヨの両衆議院議員が小さなツバのない帽子をかぶって議場に入ったことが、この規則に抵触するのではないかと問題になったのである。最終的には、議院運営委員会（一一月三〇日）で、規則で使用が禁止されている「帽子」とみなすとの決定がなされている。また、一九九一年（平成三年）の第一二二回国会でも、長谷百合子衆議院議員のかぶったベレー帽が問題となり、同じく「帽子」とみなされて着用が禁止された。その後は、大型のスカーフがマフラーにあたるかが問題となったが、結論は出ず仕舞いである（第一八七回国会参議院議院運営委員会理事会〈二〇一四年一〇月七日〉）。

ところで、背広にはネクタイがつきものだが、『国会おもて裏』（読売新聞解説部、一九七八年、七四頁）によると、一九七一年（昭和四六年）の第六七回国会で、野末陳平参院議員がノーネクタイで議場に入り、問題となったとのことである。だが、河野謙三議長が数日後にネクタイを贈るという粋な計らいを見せたため、野末議員はネクタイをつけるようになり、一件落着したという。

通常の背広以外の服装だと、省エネ半袖の背広を着ていた大平正芳首相や羽田孜首相、国民服または人民服らしきものを着ていた北山愛郎議員がいる。東日本大震災直後には、震災関係の仕事からすぐに議場に入れるようにと、大臣等や野党の幹部等が防災服を着用することを認めたことがある。

近年問題になっているのは、沖縄の「かりゆし」である。二〇〇七年（平成一九年）六月一日から「かりゆしウェアの日」が始まり、閣僚も積極的に着用するようになっている。

衆議院では、二〇一四年（平成二六年）に、議院運営委員会理事会（六月三日）で、かりゆしの日もしくはその直後の本会議でのかりゆしの着用が認められた。そのときは、男性は上着着用であったが、二〇一七年（平成二九年）の第一九三回国会で、クール・ビズ期間中、かりゆしを着用する場合は、上着を着用しなくてもよいことになった（議院運営委員会理事会〈六月七日〉）。

一方、参議院ではなかなか各党の合意が得られず、二〇一五年（平成二七年）に、議院運営委員会理事会（四月二二日）で、特にかりゆしに言及せず、従来どおり上着の着用を徹底することが申し合わされ、現在にいたっている。

服装について、海外を見ると、イギリスでは、議場や委員会における議員の服装について定めたものは特にないようである。筆者がイギリスにいたときの話だが、保守党のデイビッド・アトキンソン下院議員が、マーストリヒト条約承認法案についての本会議を徹夜とすべしとの動議の採決の際、病院から議場に呼び出され、青のパジャマにガウンを羽織り、スリッパで入ってきたことが話題になったことがある（一九九三年三月二四日）。

6 「杖」とは何か

本章の5でも紹介したが、衆議院規則第二一三条、参議院規則第二〇九条とも、議場に入る者は、帽子、外套、えり巻、かさ、杖の類を持って入ってはならないと定め、さらに、衆議院側は、病気等の理由があれば、議長の許可によってこれらの禁止が解除されると定める一方、参議院側は、歩行補助用の杖に限定して、議長の許可で持ち込めるとする。衆議院規則の条文をそのまま読むと、病気であれば、傘を持って入ってもいいかのようにとれるが、趣旨からすれば、頭に怪我をして、その部分を隠すために帽子をかぶったり、体が冷える場合に、外套を羽織ったり、足に不自由があれば、杖を使えるということなのだろう。なお、参議院規則には、当初はえり巻は入っておらず、第六次改正（第二三回国会）で加えられたものである。

これらの条文は、帝国議会にその淵源があり、かつての衆議院規則第一七二条（当初）、貴族院規則第一三八条（当初）とも、帽子、外套、傘、杖の類を持って入ってはならないと定めていた。貴族院は、その後規則改正を行い、やむをえない場合は、議長の許可によって杖を持って議場に入ることができるとした（第一〇次改正、第四四回議会〈大正一〇年三月二六日〉）。衆議院では、わざわざ規則改正はしなかったが、病気等で歩行が困難な議員は、給仕や守衛に助けてもらったり、杖を使用することが認められていた（『昭和一七年一二月改訂　衆議院先例彙纂　上巻』五七六頁）。

ただ、問題なのは、障害とか一時的な怪我等によって杖を使わざるをえなくなるのは当然のことであって、いちいちその使用につき議長の許可を求める必要があるのかということである。議員の中にも、そう思う人は今も少なくない。

だが、実は、これら一連の品を見ると、外出時に使用されるものだということがすぐにわかる。イギリス紳士を想像すればいいが、正式の場に出向くときには、モーニングを着、外套を羽織り、シルクハットをかぶり、雨が降っていなくとも傘を持ち（雨が降ってきたとしても、それを開くことなく）、あるいはステッキを持って行ったのである。つまり、杖とは、障害者用のものではなく、紳士が常に携行するステッキを意味していたのである。議場は神聖な場所であるがゆえに、服装は正装が求められ、かつ外にいるような格好であってはならないということで、こうした定めを置いたのである。これらの品は、かつては、正玄関において預かることにもなっていた。

7 議員の永年在職表彰

委員室の壁の上方に肖像画が掲げてあるが、これらは在職二五年の永年在職表彰を受けた議員たちの肖像画である。こうした掲額の沿革は帝国議会に遡る。一九三五年（昭和一〇年）の第六七回議会の各派交渉会（三月一四日）において、①三〇年以上在職の本院議員を院議表彰すること、②議員一同が一〇円ずつを拠出して肖像画二枚を作製し、一枚は本人に贈呈、もう一枚は院内に掲げることを決めてからのことである。そして、このときの決定に従って、尾崎行雄議員らが表彰された。その後、一九四一年（昭和一六年）の第七六回議会で、在職期間が二五年以上に改められた。

一九五七年（昭和三二年）の第二六回国会では予算から拠出することになり、一人当たり二枚合わせて二〇万円とされたが、その後徐々に増額され、最終的には一〇〇万円となった。院内掲額用（F三〇号）七五万円、自分用（P一〇号）二五万円という計算である。無論、多くの画家は著名な人たちで、とてもその金額の範囲内で収まるものではなく、超えた分は本人側が持ち出した。ただ、いくら超過しようと、院内掲額用は国の財産となった。

しかし、二〇〇二年（平成一四年）の第一五四回国会において、同年四月以降は国費から出さないことになり、自費で作製したものを院内に掲げることになった。この場合は、所有者は議員本人であり、掲額の期間（古いものから順次外される）が過ぎると、本人に返還されることになっている。

ところで、予算が支出されていたときには、絵の才能がある坂田道太議員などは、実際自分で肖像画を描いたが、予算から出される掲額肖像画とは認められなかった。しかし、現在では、誰が描いても自由である。ちなみに、著名な画家には、平山郁夫、松尾敏男、小磯良平、刑部人といった画伯がいる。珍しいところでは、深谷隆司議員を描いた八代亜紀さんであろうか。また、変わり種としては、衛藤征士郎議員の場合の母校の美術部の生徒や小沢一郎議員の場合の小沢一郎政治塾の卒業生といったものが挙げられる。なお、外部の人からすれば意外だが、この永年在職表彰議員のものに限らず、議長等の肖像画も含めれば、もっとも多いのは平戸方人という画伯で、最大で四六枚を数えた。

ところで、永年在職議員には別の特典もあった。一九五六年（昭和三一年）の第二六回国会から専用自動車が配属されたのである。ただ、その後、被表彰議員が増えるにつれ、対応が難しくなり、一九七五年（昭和五〇年）の第七五回国会で、それに代わって在職中に月額二〇万円（その後三〇万円まで増額）の特別交通費が四月から支給されるようになった。しかし、これも、二〇〇二年（平成一四年）の第一五四回国会で、四月から廃止となった。

永年在職表彰を受けることは大変な名誉であるが、これを辞退する人もいる。小泉純一郎議員がその初例である。それ以前は、肖像画のみを辞退するといったことはあったが、全て辞退したのは、そのときが初めてであった。

最後に、五〇年以上の在職議員を対象とする特別表彰がある。これは、一九五二年（昭和二七年）

の第一三回国会から始まった。その後、その議員が引退等をしたときには、名誉議員の称号を贈ることも決まった。現在まで、尾崎行雄、三木武夫、原健三郎、中曽根康弘、桜内義雄の五人の議員がこの表彰を受けた。尾崎と三木の両議員には胸像が作製され、現在、衆議院の正玄関のロビーに飾られているが、その後、作製しないことになった。また、終身年額五〇〇万円の功労年金も支給されていたが、これも廃止となった。

8 選挙区の変更

選挙区を変えるということは、議員にとっては死活問題である。なるべく地縁、血縁のあるところで出て、それを死守したいというのが人情であろう。しかし、中選挙区から小選挙区に変わったとき、党の方針によって選挙区を変えなければならなかった人は少なくない。また、党同士の合体とか野党間の選挙協力等によって同一選挙区に二人の候補を立てないために異動を強いられることは、よく聞くことである。さらに、前回の落選後に政党を変わり、別の党の公認で別の選挙区から出るという人も少なくない。

しかし、党からの要請ではなく、自分の意思で選挙区を変えて当選してくる人も稀にいる。鳩山邦夫議員は、三回地域選挙区を変えている（比例単独を入れると四回）。最初は、東京八区、次いでその旧選挙区を継いだ小選挙区下の東京二区、途中都知事選挙に出て、地盤は自分の系列下にいた中山義活氏に譲り、第四二回衆議院総選挙では、自民党の東京ブロック単独比例候補で当選、第四三回では、菅直人氏の対立候補となって東京一八区から出馬する。このときは小選挙区で敗れ、比例で当選した。第四四回では、母方の祖父石橋正二郎の実家があり、ブリヂストンの城下町でもある福岡六区から出馬当選している。無論、所属政党が変わったという事情もある。

戦前も、選挙区を変える議員は少なかったが、皆無ではなかった。たとえば、金融恐慌を引き起こすきっかけとなった発言をしたことで有名な大蔵大臣の片岡直温である。まだ倒産していないのに、衆議院の予算委員会で、「東京渡邊銀行が倒産した」と言ったため、取り付け騒ぎが起き、金融恐慌を惹起してしまったのである。実は、片岡こそ、自らの意思で八回も選挙区を変えている人物なのである。彼は、第一回衆議院総選挙から第一七回総選挙まで、途中三回は出馬せず、全部で一四回出て、八勝六敗だった。彼は、その一四回を、順に高知二区（四回）、大阪二区（二回）、三重郡部区（一回）、高知郡部区（一回）、京都郡部区（二回）、高知四区（一回）、京都二区（一回）、京都一区（二回）で出ている。特に他を調査しているわけではないので確たることは言えないが、これだけ選挙区を変えた人も、戦前ではあまり例がないのではないだろうか。なぜこれだけ変えたかというと、おそらく仕事の都合だったと思われる。彼は高知県出身であり、一時官吏をしていたが、その後大阪に本社を置いた日本生命の役員（副社長　一八八九－一九〇三年、社長　一九〇三－一九年）をし、また、三重県四日市市に本社のあった関西鉄道の役員とか、京都の都ホテルの社長（一九一一五年）を歴任しているのである。第一五回総選挙までは、基本的に制限選挙だったので、かえって仕事でのつながりの方が選挙には大きかったのかもしれない。

選挙区を変えるというのは、イギリスにもあり、一般的に、最初は難しいところで立ち、その後は、より容易なところで立つということは、しばしば見られることである。

青木康によると、かつては七回も変えた人がいたという（青木、一九九七年、六頁）。以前には同時に複数の選挙区から出ることも可能であり、ロンドンのような大きくて競争の厳しい選挙区で立候補すると同時に、落選のリスクを下げるため、地方のポケット・バラから立候補することもあり、こうしたことが選挙区の異動をもたらした一つの要因でもあったと言っていい（青木、一九九七年、一二三頁）。選挙民が少なく、特定のパトロンの影響が強い地方では、パトロンの支持さえ得れば、楽々当選できたわけで、たとえば、外務大臣等を務めたことのあるチャールズ・ジェイムズ・フォックスは、一七八四年の総選挙で、厳しい選挙だったロンドンのウェストミンスター区と安定議席のスコットランドのテイン・バラス区からともに当選し、ウェストミンスター選出議員となっている（青木、一九九七年、七頁）。

アーノルド・ネズピットの場合は、時の首相らに言われて、次々と選挙区を変えている（青木、一九九七年、一四八－一五〇頁）。その他、いろいろな理由で変更した例があり、たとえば、スコットランドでは、毎回選挙区として議員を出せるわけではない選挙区があり、たとえば、A選挙区とB選挙区とで交互に代表を出すところもあり、これが選挙区を変える理由ともなっていた（青木、一九九七年、三六頁）。

9　第一回衆議院議員総選挙の風景

第一回衆議院議員総選挙は、一八九〇年（明治二三年）七月一日に行われた。それから約五ヶ月弱後に、初めての帝国議会が召集された。

当然のことながら、第一回総選挙が初の国政選挙であった。現在でも、衆参の選挙は大がかりである。投票箱の設置や開票といった作業に何万もの人が動員され、そのための予算も莫大である。その苦労は並大抵のことではないと言っていい。ましてや、現在と比較した規模でははるかに小さくとも、これまでやったことのないことにチャレンジした第一回総選挙は大変なものであっただろう。もし間違いでもあれば、興味津々で見ている海外のあざけりを買うからである。基本的には、それほど多くの問題もなく終了した。唯一問題だったのは、岩手四区で、投票用紙の配布が行われず、選挙をしない投票所があったり、正規でない間に合わせの用紙で行ったものがあったことである。最終的には、一八日に再投票が行われた。

当時は有権者に字の読めない人も少なくなく、選挙会場の書記が代筆することが認められていたが、別人の名を書いた例もあったようである。

ところで、国民も初めての選挙には興味津々であり、これは選挙前からのことでもあった。東京日日新聞は、自社主催ということで、東京府下第一五区の衆議院議員の私選投票を実施したようである

(東京日日新聞、一八八九年四月二一日)。ただ、その結果は、報道されていない。

また、いよいよ選挙前になると、たとえば、牛込で、府市会議員ら二八名が出席して、立候補者を投票で選ぶことになり、鳩山和夫が最多票を得ている(東京日日新聞、一八九〇年六月二七日)。ただ、実際の選挙では、別の人が選ばれている。このような候補者仮定相談会が各地で頻繁に開かれたようで(東京朝日新聞、一八九〇年五月二四日)、決まったところでは、わざわざその旨新聞の特別広告として発表している(福岡日日新聞、一八九〇年七月一日)。

賄賂合戦も各地で繰り広げられ、各陣営は贈賄のかたわら、相手方の贈賄を告発したりしていた(東京朝日新聞、一八九〇年六月二九日)。

また、神奈川県第一区では、島田三郎が壮士派の福井茂兵衛ら三人から立候補辞退の勧告を受けたが、断ったため、決闘を申し込まれたりしている(郵便報知新聞、一八九〇年七月一日)。

いよいよ七月一日の総選挙の日になると、東京第二区で、高木正年が対立候補の平林九兵衛に自分の一票を入れ、それが謙信が信玄に塩を送ったようなものだと美談として取り上げられている(郵便報知新聞、一八九〇年七月六日)。また、同第七区でも、大谷木備一郎と角田真平とが、自選は恥として互いに投票しあおうと二人で投票に行ったとする。

京都の新聞には、ある葬儀社が広告を載せたが、そこには、選挙で落ちて自殺する人もいるかもしれず、その場合、寺院などでは葬儀を拒否するかもしれないので、当方で受けるとのことであった(東京日日新聞、一八九〇年七月二日)。また、運よく議員になったものの、この先の生活を心配して、妻から離婚を申し立てられた福井県選出の議員がいたりした（春田、一九八七年、六三頁）。
選挙は大変なものであり、多くの人の協力を仰がざるをえず、このため、そのお礼の意味で、大阪では、選挙立会人と各候補の支援者らが、府会議員、市会議員、参事会員らを招待して懇親会を開いたという（時事新報、一八九〇年七月七日）。

ところで、選挙制度も、時代に応じて変わってきている。多くの人は、変更と言えば、せいぜい選挙区とか区割りとかが変わったことくらいしか認識がないのだろうが、たとえば、第一回総選挙と現在の選挙とではものすごく多くの点で異なっているが、その一つが立候補制であろう。こう聞くと、立候補する人がいなければ、そもそも選挙なんか成り立たないではないかと思うかもしれない。どういう選挙も、誰かが立候補して、その中から選ぶものだからである。だが、今でも、国会では、内閣総理大臣の指名や正副議長の選挙等の場合は、実は、立候補制を採っていないのである。つまり、そうした地位への被選挙資格を持っている人の名を書けば、有効なのである。内閣総理大臣なら国会議員であり、正副議長なら、その院の議員であればいい。

これが、第一回総選挙のときも同じであったと考えてもらえばいい。つまり、衆議院議員の被選挙資格を持っている人の名を書けば、有効だったのである。だから、渋沢栄一などは、議員になる希望等全くなかったが、著名人として投票の対象となり、すんでのところで当選するところだったのである。当時の被選資格は、満三〇歳以上の男子で、一年以上直接国税一五円以上を納めておけばよく、本籍地とか住所は関係なかった。

となると、そこで生じる問題は、別々の選挙区から同一人物が選ばれるのではないかということと、同名者がいる場合に、どちらに投票したのかわからない、どう区分するのかということであった。そして、奇しくもこの第一回総選挙に、早速この二つの問題が発生したのである。

鉄道大臣や衆議院議長を務めたことで有名な元田肇は、この第一回総選挙では、大分第一区と第五区から当選している。第一区での当選をめざしていたが、対抗馬が優勢ということで、急遽第五区でも選挙活動をしたが、西村亮吉知事らの肩入れもあって両方で当選した。一時、かわりに彼の父親が第一区での代理に名乗りを挙げたが、結局、自分と同じ政派の安東九華が二位であった第五区で当選を辞退した。八月一二日に再選挙が行われ、安東九華が当選した。

このように、二つの選挙区から当選したのは、他に愛媛第一区と第四区から当選した鈴木重遠がおり、彼は第一区での当選を辞退した。

また、もう一つの問題である同名者問題は、愛知第一区で発生している。そこで当選したのが、堀部勝四郎である。この名前は、田中一郎や鈴木太郎のように、どこにでもある名前ではない。ましてや、明治の同一選挙区で、被選挙資格を持っている者に、この名が複数あるとは考えられない。ところが、現実に、その当時、二人いたのである。このため、敗北した國島博が選挙無効を訴えたが、最終的には大審院で、もう一人の堀部は選挙活動を行った形跡さえないとして訴えを退けた。

なお、第八回のことだが、奥田義人が神奈川県横浜選挙区と鳥取第一区から当選している。彼は、熟慮の末、横浜選挙区での当選を辞退する。そこでは、彼は、二人区の第二位であり、第三位は、加藤高明であった。加藤は、そうした形で当選することを潔しとはしなかったが、周りの説得もあり、最終的には、説得を受け入れ、当選となる。彼の閲閥や能力を考え、しかもその後に貴族院議員に勅選されたことを考えると、そこで落選したからといって、その後の経歴にどれほどの変化があったかはわからないが、もし当選しておかなければ、その後首相になれたかわからなかったとも思われる。

余談になるが、こうした事例は他の国にもあり、たとえば、フランスでは、第三共和政下の大統領にもなったルイ・アドルフ・ティエールが、一八七一年の国民議会選挙（大選挙区連記制）で、二六もの選挙区で当選を果たし、投票総数は二〇〇万票にも及んだという。最終的には、パリ選挙区の選出となっている。

また、イギリスでも、一八世紀には、複数の選挙区から同時に選ばれることが可能だったことは、本章の8で述べたとおりである。

10　一九世紀のイギリスの政治改革

一九八〇年代終わりから九〇年代初めの頃の我が国の政治改革熱は大変なもので、当時ロンドンで勤務していた筆者も、議員のアテンド等を通じて、その熱気を肌で感じていた。

当時、多くの議員や学者、マス・メディアが、日本の政治は腐敗しており、これを変革しなければならないと考えていた。そして、イギリスこそその対極にあり、一九世紀の末期に行われた政治改革、それは、腐敗活動防止法と議席再配分法の両法の成立が柱であるが、これを教科書として学び、もってクリーンな政治を実現しなければならないとこぞって主張していたのである。

腐敗活動防止法は、これまでの供応法に対し、罰則を強化し、連座制を導入し、個々の候補者の選挙費用の上限を設定するものであった。その設定の具体的内容としては、投票所までの馬車代の提供の禁止や選挙運動に携わる人の有償雇用の禁止であった。ただ、当時意外に感じたのは、実は、我が国の公選法の規定の方が厳しいのに、それでも腐敗がなくならないのはなぜかと疑問を持つ人がいなかったこと、いや逆に日本に腐敗活動防止法がないからこうなると真顔で言う人たちがいたことだった。

一方、議席再配分法の方は、わずかな票で当選できる腐敗選挙区を統合・廃止するとともに、小選挙区制を導入しようというものであった。我が国の政治改革の論調は、腐敗活動防止法の制定の方に重点が置かれ、小選挙区については、少数野党が不利になるとの思いから、白民党の一部を除けば、それほど声高に訴えられてはいなかった。

だが、実際には、当時のイギリスの政治改革の主目的は、小選挙区制の導入だったのである。いわゆる腐敗選挙区を根城にして、たいした労力も使わず議員の地位に安住している地方名望家たちは、ときに党の執行部の意思に反旗を翻す等、執行部の困惑の種であった。たとえば、一八七三年には、アイルランド大学法案が与党議員の反乱でつぶれ、内閣が総辞職するという事態が起きた。ある意味こうしたことは日常茶飯事で、与党の執行部は自分本位の名望政治家らに手を焼き、ぎりぎりの運営を強いられていたのである。いや、このことは、与野党区別なく、どちらの執行部にとっても悩ましい問題だった。そこで、地方名望家が個々人の力で当選できる環境を一掃し、政党が主導権をもって選挙を遂行し、党に忠誠を誓う議員だけを当選させようとしたのである。それゆえ、この改革は、与野党問わず、当選回数が多く党に従順な議員が賛成し、当選回数が浅い地方名望家が反対するという構図になったのである。無論、表向きは、党の政策を闘わせる選挙、かつ党営による選挙を行うことで、腐敗をなくし、クリーンな政治を実現するとしたので、政治腐敗が主目的かのような印象を与えることにはなったが。

ところで、イギリスの政治改革を真似て進められた我が国の政治改革も、小選挙区制を導入し、党が前面に出て政策を闘わせる選挙となり、個々の候補者にはそれほど金銭負担がかからないクリーンな政治が実現されると期待された。しかし、実際には、小選挙区制になったにもかかわらず、個々の議員の使う金銭、労力、時間のいずれも減るどころではなく、かえって負担が大きくなったのではないか、その期待は裏切られた、失敗だったのではないかという気持ちが、当時の関係者にはあるようである。

たしかにイギリスでは、党営選挙となり、個々の議員の使う政治・選挙費用は減少し、おそらく他のさまざまな負担も減少したのだろう。では、なぜイギリスと日本で、こうも違ったのであろうか。

その違いは、イギリスの場合、気持ちまでも完全に党営選挙になったことではないかと考える。筆者がイギリスにいる頃、選挙のときでさえ選挙区に入らない労働党候補者がいたりして、自分の選挙区の候補者名すら知らない選挙民が多かった。議員の日常活動もずっと低調だった。筆者の個人的な感覚なので、必ずしも正確というわけではないだろうが、誰もが党次第ということをしっかり認識しており、党の評判が悪いと、早々とあきらめ、自力でどうかしようという気持ちもなさそうだった。彼らは本来の仕事を持っているので、落選しても、それほど経済的な打撃にはならないし、キャリアアップの過程で当選回数も重視されないので、次を待つこともできたのである。

ところが、我が国の場合、特に、二〇〇九年（平成二一年）の第四五回と二〇一二年（平成二四年）の第四六回の衆議院総選挙においては、与党側が大暴風雨をまともに食らい、のきなみ候補者が落選し、政権を失う羽目になったが、それでも勝ち上がってくる与党議員は少なくなかった。つまり、暴風雨でも当選できるだけの日常活動を行い、後援会組織を整備していたわけである。これだけやるなら、中選挙区時代を上回る金と労力をつぎ込まなければならないのも当然であろう。この理由は、議員生活がプロフェッショナル化しているのと、キャリアアップ上の当選回数重視という点があるからだと、筆者は考えている。

帝国議会誕生前夜の女性たち

明治憲法の下では、女性の権利等が大きく制限されていたのは周知のことであろう。しかし、そうした状況の下においても、帝国議会開設の前後には、女性たちが政党に加わって社会変革、特に女性の権利の拡大を図ろうとしたり、議会開設後には、実際に議会がどういう活動をしているのか、それを見に行こうとしていたことは、ほとんど知られていない。

まず、女性の政党への参加であるが、集会及政社法の第四条は女性の政談集会への出席を禁じ、さらに第二五条で、女性の政社への加入そのものも禁じていた。そもそもこの集会及政社法という法律だが、これは一八八〇年（明治一三年）に制定された集会条例を改めたものであり、第一回衆議院議員総選挙の直後に制定されたものである。この時期にわざわざこうした法が制定されたのは、総選挙の際の各政党の活動やその結果を見て、今後の政党の活動の活発化や過激な行動等が予想されたからであろう。だから、議会の開会を待っていては遅く、すぐにでも施行する必要があると政府が考えたのではないだろうか。それに、議会の開会を待って、そこに付議するのでは、民党系議員が多数を占めていることもあり、審議が困難を極めるという判断もあったのだろう。

もともと集会条例には、女性の政談集会への出席や政社への加入を禁じる規定はなかった。無論、それまで自由だったというわけではなく、禁止は当然のこととして定めてはいなかっただけと考えられる。当時、政党の党員になるには警察署に届け出る必要があり、別段女性が政党の党員になることも明文で禁止されていたわけではなかったが、実際に党員登録しようとすると、断る警察署もあったらしく（読売新聞、一八九〇年二月一四日）、こうした無用の混乱を避けるため、あえて法律に書き込んだのではないだろうか。

次に、女性の議会傍聴であるが、当初、両院の規則原案に、婦人の傍聴を禁ずる旨の規定が入れられていた。これは事前にその案が練られて公表された。

集会及政社法で、女性が政談集会に出たり、政社に加入することを禁じていたわけだから、ある意味当然の規定だったと言ってもいいくらいであるが、これに対して反対運動が起きたのである。たとえば、三浦みさほ外二〇名が、立憲改進党に対して、その変更を求める意見書を出している（東京日日新聞、一八九〇年一〇月二四日）。こうした動きを受けて、貴族院の中で事前の論議がなされている。村田保議員が、憲法が公開を定めている以上、女性だって傍聴できる、参政権が認められていない僧侶や軍人だって傍聴できるではないかと言うと、三浦梧楼議員は、そうした人は職を去れば参政権が付与されるが、女性は化けようがないではないかと反論し、村田議員が、皇后陛下の傍聴も禁じるのかと再反論するなど白熱し、最終的には、両院とも婦人の傍聴を認めることになったのである（春田、一九八七年、四一－四四頁）。

しかし、女性の傍聴は奇異の目で見られ、新聞が、男性の傍聴者に関しては、その職業や国籍を載せるだけなのに対し、女性については、わざわざ本名と紹介議員とを載せているのである。たとえば、読売新聞は、一二月八日に訪れた最初の婦人傍聴者について、本名と紹介議員のみならず、どれくらいの年格好の人がどういう服を着ていたとか、微に入り細に入り解説しているほどである。

当初、女性たちは特に区別もなく一般傍聴席の一角に座らされていたと思われるが、いつごろからか婦人傍聴席が設けられたようである。イギリスでは、婦人傍聴席には金網が張られていたというのだから、それよりはましだったと言っていいのかもしれない。現在使用している正規の国会議事堂には、当初から婦人傍聴席が設けられたが（現在の公務員席のところ）、終戦後に新たに外国人記者席やGHQ席を設けなければならなくなり、婦人傍聴席は女子傍聴席と名を変えて一般傍聴席の一角に押し込められ、それからほどなく区別はなくなって消滅した。

エピソード 4

太平洋戦争との関わり

現在の国会議事堂は昭和初期に竣工したもので、その後の太平洋戦争もくぐり抜け、その威容を今に誇っている。それゆえ、ほとんど戦争の被害はなかったと言っていい。その理由として、よくアメリカが戦後をにらんで、民主国会を設けるためにわざわざ残したなどと言われることがある。その証拠はないようだが、もしそうだとしたら、内務省の指導によるコールタール塗装など全く意味がなかったということになる。

しかし、全く被害に遭わなかったというわけではない。実は、一九四五年（昭和二〇年）五月の二度目の東京大空襲で、本館については、貴族院の議員食堂の一部と衆議院の西南階段の暗幕等が焼けたのである（大木、一九八〇年、三七八－三八二頁）。幸い、職員らの献身的な努力によって、被害は最小限にとどめられた。だが、付属の建物の方は、委員会庁舎や記者会館等が全焼した。また、少し離れていたが、現在の参議院議長公邸敷地にあった衆貴両院の書記官長官舎も焼けている。

戦争の影響は、単に建物の被災にとどまらなかった。戦争に駆り出された人たちもいた（大木、一九八〇年、三七三－三七七頁）。議員だからといって、戦争に行かないのはおかしいということになり、応召の間は一時的に議員の身分を失うものの、補欠選挙は行わず、召集が解除された時点で復職となる臨時法ができ、一三人の議員が出征している。そのうち、一〇人は軍歴を有していたために召集され、うち三人が戦死している。軍歴のない残りの三人は、議員の経歴など関係ないかのように、二等兵として召集されたが、こうした過酷な扱いを受けたのは、ある政府提出の法案の審議の際に、内務大臣の辞任と引き換えにその法案を通過させるという事件があり、その三人が首謀者と見られ、東条英機首相の逆鱗に触れたからだと言われている。

他に、空襲や船の撃沈によって亡くなった議員らもいるし、また、職員から召集に応じた人たちもいた。このため職員が不足することになり、守衛の場合は、神田の青年団女子を一時的に採用している。

議会は戦争に協力してもいる。当時は、飛行機等を献納することが流行っており、かなりの数の飛行機がそれで調達された。それらは、陸軍の場合は愛国号〇号、海軍の場合は報国号△号と名付けられた。衆議院も飛行機を献納しているが（大木、一九八〇年、三〇九－三一二頁）、そのきっかけは、ガダルカナルでの敗退の後、当時の衆議院の正副議長が貴族院議長とともに霞ヶ浦と土浦の海軍航空隊に視察・激励に行き、そこでの少年兵らの猛特訓に感銘を受けて、その様子を議院協議会で披露したことであった。結局、航空機を贈ることが決まり、一口二五〇円で寄付を募っている。当時は、歳費（年額）が三〇〇〇円であり、一月分にも相当する額であったが、全議員が一口以上協力し、五九二口も集まったと聞く。「衆議院号」を陸海軍にそれぞれ一機ずつ献納したが、貴族院については、何の記録も残っておらず、こちらの対応は不明である。

ところで、当時は、国民に金属供出が求められたが、議会もその例外ではなかった（読売新聞解説部、一九七八年、三〇、三二頁）。特に銅が必要とされたが、議会にあった金属製品の多くは鉄かブロンズ製で、たいした量もなかった。しかし、議会が率先して供出するということは、国民を鼓舞する意味からも大事であり、政府側はこれにこだわった

のである。ところが、知恵者がいて、勝った場合の講和会議の会場が議事堂になることを確認した上で、そうした金属品を剝がしておくと、アメリカはこんなに日本は弱っていたのかと思うのではないかと反駁し、金属供出を免れたと聞く。

戦後は、食糧難で、貴族院の河井彌八議員（元貴族院書記官長）の提唱で、前庭でさつまいもを栽培したことがある（写真。衆議院警務部編、二〇〇七年、三七頁／読売新聞解説部、一九七八年、三三頁）。

第6章

国会役員

1　議長をなぜ SPEAKER というのか

英語で議長を Speaker というが、この理由について、会議を主宰する中で多く発言しているからと思っている人が少なくないようである。しかし、司会すること自体は preside であり、speak に司会するという意味はない。一般的には、speak とは議論するということである。だが、議長は、他の議員と同じように、法案等の議題について議論に加わるわけではない。だから、イギリス議会下院広報局発行の 'Fact Sheet' にも、'Mr Speaker does not speak' と書いてあるのである（'Fact Sheet' 1992, Vol. 21, p. 3）。

実は、speak とは、議員全体に対し何かを話すことではなく、国王に申し上げるということなのである。イングランド議会成立時には、国王を最上席として、その両脇に貴族団と聖職者団、そして、国王と対面する側に騎士や商人等の代表が位置したが、これら騎士等の代表は皆自由に発言できるわけではなく、さらにその代表を選んで国王に訴えたのである。それが Speaker であった。言うまでもないが、国王を相手に話をするためには、それなりのルールを知り、かつ、度胸があって機転がきくことが必要であった。さらに、中世はフランス語が宮中言葉であり、場合によってはそうした言葉を知っておく必要があったかもしれない。誰でも勤まるというものではなかったのである。

その後、国王が会議から遠ざかるにつれ、貴族団・聖職者団と庶民の代表とは、必ずしも会議を共にする必要性を感じなくなり、別々に会議を開くようになる。これが二院制の誕生である。そうなった場合の speak は、会議の内容について、事後に国王に報告することも意味するようになった。

2　議長等の選挙

正副議長の選挙は無名投票で行う。無名投票とは、候補者の名だけを書いて投票する方法である。首相の場合の記名投票と違って、投票者の名を記載しない。その理由は、「議員が何ものにも拘束されることなく、真に自己の良心に従って投票を行い得るようにすること、当選した議長が議長としての職務を円満に行い得るように、また投票した議員が気不味を残さないよう」にするためである（佐藤、一九九四年、九頁）。

衆議院では、かつて投票の結果は一〇票ずつまとめて、あたかも運動会の玉入れ競技の結果発表のごとく、A君一〇票、B君一〇票、A君二〇票、B君二〇票、A君三〇票、B君三〇票、A君四〇票、B君三八票等と来て、最終的にA君一一六票等と発表していたと聞いたことがあるが、残念ながら今となっては正確なやり方がわからなくなっている。このやり方は一九六五年（昭和四〇年）の第五一回国会の議院運営委員会理事会（一二月二〇日）で廃止となったからである。

ところで、正副議長選挙をはじめ、国会における選挙は立候補制ではない。正副議長選挙の場合は、衆議院議員の名を書けば有効である。ただ、現在は、慣例として、第一会派（与党）から議長候補、野党第一会派（全体的には第二会派）から副議長候補を推薦し、その人選を他の会派は尊重して投票することになっている。無論、ここにいたるまでは、かなりの紆余曲折があったことは言うまでもない。第一回国会頭初においては、GHQから国会役員は与党側から出せとの指示があり、与党第一党の社会党から松岡駒吉、与党第二党の民主党から田中萬逸を候補とし、与党側の多数で選出した。ただ、田中副議長は、その後民主党を離党し、同志クラブに移ったので、副議長に留まることが問題視されたが、民主自由党結成に加わり、芦田均内閣から第二次吉田茂内閣へと政権交代があったことで、松岡議長は野党所属、田中副議長は与党所属という形で次の衆議院解散まで継続していくことになった。

その後の正副議長の出身母体を見ると、両方を与党で占めたり、あるいは一九五三年（昭和二八年）の第二六回衆議院総選挙後の第一六回国会では、第五次吉田内閣が少数与党内閣となったため、野党は共同歩調を取って、正副議長とも野党側が占めたこともある。こうした事例は、第二次鳩山一郎内閣のときにもあり、正副議長とも野党側が占めた。

ただ、いわゆる五五年体制成立後は、自民党から議長、社会党から副議長という体制となり、しばらく継続したが、一九六一年（昭和三六年）の第三八回国会で、政治的暴力行為防止法案審議をめぐって、与野党が議長不信任決議案及び副議長不信任決議案を相互に提出しあい、副議長のものが可決されて、久保田鶴松副議長が辞任し、原健三郎副議長に代わると、それ以降与党が正副議長とも占める状況となった。それが変わったのは、初の任期満了後の総選挙後の第七九回国会（一九七六年〈昭和五一年〉）で、自民党から議長として保利茂、社会党から副議長として三宅正一が選ばれたときである。いわゆる与野党伯仲国会になったことから、野党側にもポストを与えて国会運営に協力を求めよう、正副議長が中立的立場から与野党をまとめるようにすれば、各会派もなるべく正副議長を傷つけまいとするだろうとの与党側の思惑からである。そして、それがしだいに慣例となっていった。

その後に特筆すべきものとしては、自民党が下野することになった一九九三年（平成五年）の第一二七回の特別会がある。連立政権を構成する七党一会派が議長ポストをとることを主張したため、話がつかず選挙で決着している。一方で、副議長の方は第一会派ながら野党の自民党から出すことでおおむね了解された。その後、政権の組み換えが起こり、自民党が与党で第一党、改新（後に新進党）が野党第一党となり、正副議長とも与党側になったため、改新は副議長ポストを要求したが、現副議長に落ち度はない、任期途中の交代は好ましくないとの反対意見が強く、正副議長はそのままとなった。

二〇〇〇年（平成一二年）の第一四八回国会は、野党第一党の民主党が副議長に石井一を推したが、自民党は、自・民の国対委員長会談で、すでに渡部恒三前副議長の続投で合意しているとして、これを受けるにいたらず、野党四党は、議長選挙については白票、副議長選挙では石井一に投票したことがある。

しかし、現在では、与党で第一党が議長ポスト、野党第一党が副議長ポストということが慣例としてほぼ確立していると言っていい。

ところで、衆議院規則第一〇条は、「当選人が当選を辞したときは、更にその選挙を行う」と定めている。これは、立候補制でないがゆえに設けられた規定であろうが、帝国議会下の衆議院規則第九条の「当選人ニシテ当選ヲ辞スル者アルトキハ更ニ其ノ選挙ヲ行フヘシ」をそのまま継承したものと考えられる。一方、参議院にはこうした規定はないが、それでも、このことは当然の事理として、わざわざ法に明文しなかったとされている（佐藤、一九九四年、一五頁）。

これに対し、松澤浩一は、「その内部機関に選任されたときは、これに就任する義務がある」（松澤、一九八七年、二五四、二五五頁）、「旧議院法下におけると同様に、当然に当選を辞することができるとすることは妥当ではなかろう」、「議院と議員との関係において議員の機関就任を全くの任意とすることは、議院に認められる自律権を尊重擁護すべき各議員の地位及び責任と相容れないこととなる」とし、本来的には、当選辞退を認めるべきではないとする。筆者も、法規に規定がある以上、当選辞退は可能だが、考え方としては、やはり当選辞退を認めるべきではないと考えている。その理由は、松澤説とは違って、そもそもどの段階で当選の辞退をするのかという物理的な条件ゆえである。

正副議長に就任するにあたって、特に辞令の交付はない。当選とともに議長等になるのである。とすれば、実際には、当選を辞退できる時期が全くないのである。

ここで考えなければならないのは、帝国議会との相違である。帝国議会においては、議長・副議長選挙は、特別会召集日に、連記無名投票（三名連記）によって、それぞれ三名の候補者を選び、票数の多い順に並べて上奏し、その中から天皇が勅任することになっていた（天皇は、第一順位の候補者を選ぶのが例であった。ただ、太平洋戦争後の第九〇回帝国議会での議長候補者選挙では、三木武吉が第一順位となったが、ＧＨＱから戦犯に指定される可能性が高まったため、急遽辞退することになり、第二順位の樋貝詮三が選ばれた）。議会が選ぶのはあくまでも候補者にすぎず、上奏する前に当選を辞退する時間はあったのである。

ところが、現在は、当選即就任であり、システムが全く変わったのに、安易に条文を継承したことに問題があったと言っていいだろう。

なお、ちなみに、これまで当選を辞退した例は、衆参いずれにもないが、当選を留保したと言われる例はある。第一回国会で副議長に当選した田中萬逸は、その旨議場でも宣告されたが、田中自身は本会議場に入らず、副議長当選の挨拶もせず、一時的に受諾を留保したのである（無論、議院が認めたというわけではないだろうが）。これは、田中が、議長に自由党の山崎猛がなることを前提に副議長職を承諾したのであり、社会党出身の議長の下では務めたくないと主張したためである（最終的に受諾)。

最後に、参議院の正副議長に言及すると、三年ごとの半数改選の選挙後の臨時会で辞任し、後任を選ぶことが先例となっている。これは、佐藤尚武議長が、就任からわずか八ヶ月で辞任を申し出たが、それは、選挙で半数が代われば、議長らは新たな構成の下で選ぶべきと主張したためであり、これが慣例となっているのである。参議院先例録(平成二五年版)では、「六二　通常選挙後初めて国会が召集されたときは、議長及び副議長は、辞任するのを例とする」としている。

もう一つ特筆すべきものとして、参議院副議長の選挙において、議員の法定数を上回る投票がなされたことがある。

通例、投票総数が名刺の数を超過すれば、誰かが複数票投じたことになり、本来的には、その手続きは無効になるが、選挙結果に異動を及ぼさないときは有効として扱われている。ところが、二〇一三年(平成二五年)の第一八四回国会の選挙(八月二日)においては、投票者名刺数二四〇にもかかわらず、議員定数(二四二)を超える二四三票が投じられたのである。この場合は、やり直しになった。この原因としては、予め正副議長選挙用用紙と予備用紙が配られていたため、誰かが複数枚を重ねて、あたかも一枚であるかのようにして投票したからと考えられている。

3　我が国における議長の中立性

議長の職責は、議院を代表すること、議事の運営・整理をすること、議院の秩序を維持すること、及び事務を監督することである。こうした職責を公平に果たす前提となるのが中立性であり、これを形式的に担保するのが、所属会派からの離脱である。正副議長は、選出の当日、これまでの慣例に従って会派から離脱し、無所属となる。なお、これは、党員や小選挙区の支部長を辞めるといったことまで求めるものではない。

議長の党籍離脱の考えは、林田亀太郎元衆議院書記官長が衆議院議員になったときに唱えたものである。一九二三年（大正一二年）の第四六回議会に、彼の所属する革新倶楽部が、議長等と出身政党との近さが政治の混乱の原因だとして、議長等の党籍離脱を求める「議長及副議長の党籍に関する決議案」を出したのがその嚆矢であった。このときは否決されたが、わずか二年後の第五〇回議会で、義務教育費増額法案に対する与党議員質疑中、野党を誹謗する言辞があったとして乱闘になった折、議長の議事運営が党派に偏っていたのではないかとして、事態収拾の中で、当時の粕谷義三議長と小泉又次郎副議長が党籍を離れることになったのである（一九二五年三月二四日）。そして、今後も正副議長は在任中は党籍を離れることを希望するとの衆議院規則改正に関する決議が全会一致をもって成立した。

だが、これは確立した慣例とはならず、一九三二年（昭和七年）の第六一回議会で議長に就任した秋田清などは、先に紹介した一九二五年（大正一四年）の衆議院規則改正決議案の提出者だったにもかかわらず、いざ議長になると、党籍離脱などは形式的で無意味だとしたため、その変節ぶりが攻撃され、従来の院議を尊重すべしとの決議案まで提出されている（否決）。その後は、離脱したりしなかったりであった。

戦後は、一九五三年（昭和二八年）の第一六回国会において、堤康次郎議長、原彪副議長が会派を離脱したのが最初である。これは、バカヤロー解散後の特別会で、吉田茂の自由党が過半数を獲得できず、議長は第二党の改進党、副議長は第三党の左派社会党から選ばれたという特殊事情のためで、そのとき限りのことに終わった。その後、一九五八年（昭和三三年）の第三〇回国会で、警察官職務執行法案の採決をめぐる混乱があり、この正常化の協議の中で、新たに選ばれた加藤鐐五郎議長、正木清副議長が会派を離脱するが、これもそのとき限りで絶えている。ただ、その後任の清瀬一郎、中村高一の正副議長は、新安保条約の承認の件をめぐって、これに公正な立場を取るということで、衆議院での審議の大詰めの中で、急遽会派を離脱している。その後、副議長が久保田鶴松に代わったときも会派を離脱したが、確固たる慣習にはならなかった。

しかし、一九七三年（昭和四八年）の第七一回国会において前尾繁三郎議長が会派を離脱してからは、これが引き継がれて現在にいたっている。

参議院では、一九七一年（昭和四六年）の第六六回国会で、河野謙三議長、森八三一副議長が会派を離脱し、これ以降は、前田佳都男副議長を除いては、その慣習を踏襲している。

4　イギリス下院議長等の中立性

世界の議長には、アメリカのように党派性を残したものと、我が国のように党派性を薄めたものの二つがある。これは、議長の役割に対する考え方の違いからくるものであり、我が国やイギリスでは、議長のもっとも大事な仕事は本会議を主宰することであって、公平中立な議事運営のためには、特定の会派（政党）に属しない方がいいと考えられているからである。特に、イギリスは、議長の中立性を金科玉条のように考えており、だからこそ、議長は、まず第一に、政策等に関して自分の意見を表明しないし、採決にも加わらない。これには、長い歴史があり、一七世紀にオンズロー議長が討論や採決に加わらなくなったのを嚆矢とし、何度か揺り戻しがあったが、一八七〇年に、デニソン議長が予算に対して投票したのを最後としている。

第二は、元の政党から離れ、どの政党とも親しく付き合わない。一八三九年に、ショウ・レフェーブル議長が党籍を離脱したのが初めてであり、その後紆余曲折はあったものの、現在では確立した先例となっている。特定の政党や議員と付き合わない点も厳格で、議員と一緒に食事するだけで中立性が疑われるということで、議員食堂で食事することもない。無論、政党の会合に出ることもないし、議長職を退いた後でさえそうした集会には出席しないという徹底ぶりである。

イギリス下院議長の中立性には、それまでの議長の受難の歴史があると言っていい。議長には、これまで国王等との政治的対立から、七人の議長が悲惨な死を迎え、また二人が投獄された歴史がある。それほど命に関わる仕事だったわけで、だからこそ、一時は誰も真剣に議長になろうとは思わなかったのであり、その名残が、議長選出の際の儀式にも残っている。議長に選ばれた人が二人の介添え人の議員に脇を抱えられ、いやいやしながら議長席に座らされるのである。

ところで、筆者も、この中立性の厳守を肌身で感じたことがある。かつて衆議院議長の事務秘書を務めていたときの話である。大統領や首相等で構成されるG7に対抗して、議長のG7を開こうという提案がカナダからなされ、イタリアやアメリカもすぐに同調し、我が国もいいのではないかという感じだったのだが、イギリスだけは容易に了解せず、一旦頓挫した経緯があるのである。イギリスが難色を示したのは議長の中立性からであった。つまり、議長サミットの議題が、単に議事手続きの話ならともかく、現実の政治的問題、統治に関わる問題であるなら、議長はそうした政策的なことにはコメントできないというものだったのである。ただ、その後、どこかの国の尽力でイギリスも軟化してくれ、現在のように議長サミットが行われている。

この中立性と裏腹の関係にあるのが、イギリス独特の「再選を求める議長」という慣習であろう。実は、議長になった以上、解散・総選挙があろうと、その結果政権交代があろうと、議員を引退するか上院議員になるまでは議長職を継続する慣習があるのである。この慣習を支えるのが「再選を求める議長」であり、要は、議長たる者、次も議長職を継続することを前提に、特に政党の公認は受けずに無所属で立候補し、これまでの中立公平な議長としての職務を果たしたかどうかを有権者に訴え、判断してもらうのである。それゆえ、有権者が中立公平に議長職を務めたと評価する以上は、政党もそれをあながち無視することはできない。議長職にあった者がそういう形で立候補する場合には、大きな政党は特に対立候補を立てないことが多い。無論、これは、政党間の暗黙の慣習なので、必ずしもこの慣習が常に守られてきたわけではないが、少なくとも保守党はこれをずっと守ってきた。

この慣習を別の意味で制度化したのが、アイルランドの下院議長であろう。憲法第一六条第六項により、解散直前の議長は、次回の選挙で、実際の選挙を経ずして当選したものとみなされることになっているのである。ただ、イギリスと違って、次も議長に選ばれることが前提になっているわけではなく、これまでのご労苦に対する一種のごほうびといった色彩の方が強い。

一方、アメリカでは、いくぶん事情が違うようである。まず上院だが、議長は政府の中枢を担う副大統領が就くことになっている。それだけでも、議長にどれほどの中立性が求められているのか疑わしいところがある。ただ、副大統領が実際に会議を主宰することはほとんどない。

下院でも、議長は下院多数党の代表といった性格を有しており、それほど中立性に拘泥しているわけではない。たとえば、一九九四年の中間選挙で、ギングリッチ議長が共和党の公約とも言うべき「アメリカとの契約」（正確には、共和党下院議員候補者が署名したもの）を主導し、共和党が上下両院で多数を占めることができたが、その後の議会では、その方針でクリントン政権と対峙し、それが年度予算や暫定予算の成立を遅らせ、二度も政府が閉鎖に追い込まれたことがあった。こうした例は、オニール議長やペロシ議長のときにも見られたことである。

ただ、それでも、会議の主宰者としての中立性にはやはり固執する向きがあるようで、たとえば、規則上議長の表決権が一定の限度で認められているが、かつてこの制限を外し、いつでも自由に表決できるよう規則の改正案が出されたことがあるが、「党派的になる」という理由で否決されたのである。なお、実際には、上院同様、議長自らが議事を主宰することはほとんどなく、自分の党所属の議員にそれを委任することが通例である。

ドイツは、連邦議会（下院）議事規則第七条に、議長は議事を公平かつ不偏不党的に主宰すると定められているが、党籍を離脱することはない。これは、第一党から議長、また第一党を含めて各会派から副議長を出して幹部会を構成し、それが実質的に議事を切り回すことになっているからであろう。

5　議長・副議長への不信任決議、常任委員長の解任決議

議長・副議長への不信任決議は、特に法に明文的に定められてはいない。それゆえ、法的効果はなく、政治的効果だけがあるというのが通説である。松澤浩一も、「議会は、自ら選任した役員を解任することは、議会法上その定めのあるものを除いては不可能である」とする（松澤、一九八七年、二六五頁）。

これまでの例を見ると、帝国議会下の衆議院では、決議案ではないが、第五回帝国議会において、

星亨議長に対し、「議長星亨君信任欠乏ノ動議」（一八九三年一一月二九日）と「議長不信任ノ上奏案」（一八九三年一二月一日）の二つが可決されたことがある。しかし、星議長は、こうした院の意思を無視するかのような態度を取ったため、結局除名されている。

国会になってからは、本章の2で先述したが、一九六一年（昭和三六年）の第三八回国会での久保田鶴松副議長に対する不信任決議案が可決されたのが唯一の例である。このときは、即日、久保田副議長は辞任している。

参議院では、正副議長に対する不信任や問責決議案等が可決されたことはない。

こうした例を見る限りでは、実務上は、決議の成立が即解任といった効果をもたらすことはなく、政治的効果があるだけで、出処進退は自ら決めるべきものということになっていると言っていいだろう。

ただ、ここには、いくつかの問題点が存在する。まず第一に、松澤説のように、選ぶことはできるが、解任はできないという論理にどういう合理性があるのかということである。総選挙のときのように、一般国民も議員の選挙をすることはできるが、解任できないとでも言うのだろうか。しかし、基本的には、組織論として、その役員を選任することと解任することとは表裏一体のもののはずである。ましてや、現在の国会は、国権の最高機関と位置付けられており、他の国家機関等の干渉を受けることなく自律的に何でも決めることができるはずであり、松澤説のような正当化は、論理が飛躍しすぎていると言わざるをえない。

第二の問題点は、他の決議案、たとえば、内閣不信任決議案や常任委員長解任決議案と比較して、これらは法規に定められたものなので法的効果があり、他は定められていないので何の効果もなく、せいぜい政治的効果だけしかないという短絡的な発想である。

なぜ、わざわざ内閣不信任決議が憲法に規定されているのかと言えば、国会は首相を指名できるとはいえ、形式上の任命権は天皇にあって国会側にはないからで、だからこそ、特に衆議院による事実上の首相の解任といった行動なり権利を認めるなら、その旨法に明示しなければならないからである。単に効果を持たせたくて法に規定したわけではない。

また、常任委員長解任決議については、この規定ができた経緯を考えなければなるまい。これは、当初の国会法には規定されていなかったものである。第一回国会開会の直前、社会党、自由党、民主党の三大政党は連立内閣を作ろうと模索していたが、結局、自由党はこれに参加しないことを決めた。この連立内閣樹立の話し合いと並行して、国会役員の配分も協議され、当初は自由党を含めて分配する予定にしていたところ、GHQから、役員は与党側で占めるべきだとの指示が出て、結局、社会党、民主党、国民協同党の三派で占めることになった。ところが、その後、炭鉱の一時的国家管理化の法案の採決の際、民主党は分裂して、当時図書館運営委員長を務めていた中村嘉壽も反対票を投じて民主党から離脱したのである。このため、与党側から、中村氏はもはや与党ではないとして、委員長を辞任するよう働きかけがあったのだが、委員長は応じなかった。この反省から、第二回国会での国会法改正で、第三〇条の二に、常任委員長の解任決議を規定したのである。

解任決議として規定したのは、不信任では対応できない事態に対処するつもりだったからであろう。もし、委員長の委員会運営に問題があるとか、委員長の不祥事といったものなら不信任でよいのだが、単に与党所属ではないということでは不信任になじまないと考えられたのではないだろうか。さらに、当該委員長にしても、やましいことはないとして、そのまま辞めないのではないかと考えられたこともあるのではないだろうか。いずれにしても、別段、法的効果を持たせるためにこうしたものを新設したわけではないと、筆者は考えている。だから、「常任委員長の委員会運営に不都合があり、これが議院の運営上適当ではないと考えられる場合に、当該常任委員長をその職から退かしめるために設けられた」（松澤、一九八七年、二六二頁）というのは、誤解と言わざるをえない。

第三の問題点は、おそらく帝国議会以来の積み重ねられてきた先例を参考にしているということである。無論、既述したように、帝国議会での可決の例は、上奏案と動議であって、形式上は決議案と異なる。しかし、それらに直接の効果がなかったがゆえに、決議案も同様と考えられているのではないだろうか。

だが、振り返って考えなければならないのは、帝国議会と国会とでは、議長ら国会役員の選出の仕方から任命行為まで大きく異なっていることである。帝国議会では、正副議長は天皇の勅任であった。だからこそ、議長に対する信任がなくなったと警告したり、辞めさせてほしいと天皇にお願いすべく上奏したわけである。

一方、国会においては、正副議長は本会議で選出され、任命行為もなくその地位に就く。つまり、そもそも任命の形式自体が異なるわけで、帝国議会の先例がそのまま参考になるわけではないのである。

こうした疑問点はあるが、実務としては、政治的責任を背負うとしてきた以上、これを堅持していかねばなるまい。それゆえ、この論理を正当化するとすれば、クビを切るといったことは、直截にやるものではなく、最後は自ら腹を切らせるという我が国の侍社会の美学からきているというのが、もっとも落ち着きそうな説明である。

最後に、常任委員長解任決議案で可決されたものは、衆議院にはないが、参議院では、第一八三回国会（二〇一三年五月）の川口順子環境委員長、そして第一八五回国会（二〇一三年一二月）の水岡俊一内閣委員長及び大久保勉経済産業委員長だけがある（二〇二四年三月現在）。

歴代議長・副議長

■衆議院

議長

代	氏名	就任年月日	退任年月日
(帝国議会)			
1	中島　信行	1890(明治23)年11月26日	1891(明治24)年12月25日
2	星　亨	1892(明治25)年5月3日	1893(明治26)年12月13日
3	楠本　正隆	1893(明治26)年12月15日	1893(明治26)年12月30日
4		1894(明治27)年5月12日	1894(明治27)年6月2日
5		1894(明治27)年10月15日	1896(明治29)年6月8日
6	鳩山　和夫	1896(明治29)年12月22日	1897(明治30)年12月25日
7	片岡　健吉	1898(明治31)年5月16日	1898(明治31)年6月10日
8		1898(明治31)年11月9日	1902(明治35)年12月7日
9		1902(明治35)年12月7日	1902(明治35)年12月28日
10		1903(明治36)年5月9日	1903(明治36)年10月31日
11	河野　廣中	1903(明治36)年12月5日	1903(明治36)年12月11日
12	松田　正久	1904(明治37)年3月18日	1906(明治39)年1月19日
13	杉田　定一	1906(明治39)年1月23日	1908(明治41)年12月23日
14	長谷場純孝	1908(明治41)年12月23日	1911(明治44)年9月6日
15	大岡　育造	1911(明治44)年12月24日	1912(大正元)年8月21日
16		1912(大正元)年8月21日	1914(大正3)年3月6日
17	長谷場純孝	1914(大正3)年3月7日	1914(大正3)年3月15日
18	奥　繁三郎	1914(大正3)年3月17日	1914(大正3)年12月25日
19	島田　三郎	1915(大正4)年5月17日	1917(大正6)年1月25日
20	大岡　育造	1917(大正6)年6月21日	1920(大正9)年2月26日
21	奥　繁三郎	1920(大正9)年6月29日	1923(大正12)年2月16日
22	粕谷　義三	1923(大正12)年2月17日	1924(大正13)年1月31日
23		1924(大正13)年6月26日	1927(昭和2)年3月25日
24	森田　茂	1927(昭和2)年3月26日	1928(昭和3)年1月21日
25	元田　肇	1928(昭和3)年4月20日	1929(昭和4)年3月14日
26	川原　茂輔	1929(昭和4)年3月15日	1929(昭和4)年5月19日
27	堀切善兵衛	1929(昭和4)年12月23日	1930(昭和5)年1月21日
28	藤澤幾之輔	1930(昭和5)年4月21日	1931(昭和6)年4月13日
29	中村啓次郎	1931(昭和6)年12月23日	1932(昭和7)年1月21日

30	秋田　清	1932(昭和7)年3月18日	1934(昭和9)年12月13日
31	濱田　國松	1934(昭和9)年12月24日	1936(昭和11)年1月21日
32	富田幸次郎	1936(昭和11)年5月1日	1937(昭和12)年3月31日
33	小山　松壽	1937(昭和12)年7月23日	1941(昭和16)年12月22日
34	田子　一民	1941(昭和16)年12月24日	1942(昭和17)年5月25日
35	岡田　忠彦	1942(昭和17)年5月25日	1945(昭和20)年4月9日
36	島田　俊雄	1945(昭和20)年6月8日	1945(昭和20)年12月18日
37	樋貝　詮三	1946(昭和21)年5月22日	1946(昭和21)年8月23日
38	山崎　猛	1946(昭和21)年8月23日	1947(昭和22)年3月31日

(国会)			
39	松岡　駒吉	1947(昭和22)年5月21日	1948(昭和23)年12月23日
40	幣原喜重郎	1949(昭和24)年2月11日	1951(昭和26)年3月10日
41	林　譲治	1951(昭和26)年3月13日	1952(昭和27)年8月1日
42	大野　伴睦	1952(昭和27)年8月26日	1952(昭和27)年8月28日
43		1952(昭和27)年10月24日	1953(昭和28)年3月14日
44	堤　康次郎	1953(昭和28)年5月18日	1954(昭和29)年12月10日
45	松永　東	1954(昭和29)年12月11日	1955(昭和30)年1月24日
46	益谷　秀次	1955(昭和30)年3月18日	1958(昭和33)年4月25日
47	星島　二郎	1958(昭和33)年6月11日	1958(昭和33)年12月13日
48	加藤鐐五郎	1958(昭和33)年12月13日	1960(昭和35)年2月1日
49	清瀬　一郎	1960(昭和35)年2月1日	1960(昭和35)年10月24日
50		1960(昭和35)年12月7日	1963(昭和38)年10月23日
51	船田　中	1963(昭和38)年12月7日	1965(昭和40)年12月20日
52	山口喜久一郎	1965(昭和40)年12月20日	1966(昭和41)年12月3日
53	綾部健太郎	1966(昭和41)年12月3日	1966(昭和41)年12月27日
54	石井光次郎	1967(昭和42)年2月15日	1969(昭和44)年7月16日
55	松田竹千代	1969(昭和44)年7月16日	1969(昭和44)年12月2日
56	船田　中	1970(昭和45)年1月14日	1972(昭和47)年11月13日
57	中村　梅吉	1972(昭和47)年12月22日	1973(昭和48)年5月29日
58	前尾繁三郎	1973(昭和48)年5月29日	1976(昭和51)年12月9日
59	保利　茂	1976(昭和51)年12月24日	1979(昭和54)年2月1日
60	灘尾　弘吉	1979(昭和54)年2月1日	1979(昭和54)年9月7日
61		1979(昭和54)年10月30日	1980(昭和55)年5月19日
62	福田　一	1980(昭和55)年7月17日	1983(昭和58)年11月28日
63	福永　健司	1983(昭和58)年12月26日	1985(昭和60)年1月24日

64	坂田　道太	1985(昭和60)年1月24日	1986(昭和61)年6月2日
65	原　健三郎	1986(昭和61)年7月22日	1989(平成元)年6月2日
66	田村　元	1989(平成元)年6月2日	1990(平成2)年1月24日
67	櫻内　義雄	1990(平成2)年2月27日	1993(平成5)年6月18日
68	土井たか子	1993(平成5)年8月6日	1996(平成8)年9月27日
69	伊藤宗一郎	1996(平成8)年11月7日	2000(平成12)年6月2日
70	綿貫　民輔	2000(平成12)年7月4日	2003(平成15)年10月10日
71	河野　洋平	2003(平成15)年11月19日	2005(平成17)年8月8日
72		2005(平成17)年9月21日	2009(平成21)年7月21日
73	横路　孝弘	2009(平成21)年9月16日	2012(平成24)年11月16日
74	伊吹　文明	2012(平成24)年12月26日	2014(平成26)年11月21日
75	町村　信孝	2014(平成26)年12月24日	2015(平成27)年4月21日
76	大島　理森	2015(平成27)年4月21日	2017(平成29)年9月28日
77		2017(平成29)年11月1日	2021(令和3)年10月14日
78	細田　博之	2021(令和3)年11月10日	2023(令和5)年10月20日
79	額賀福志郎	2023(令和5)年10月20日	現職

副議長

代	氏名	就任年月日	退任年月日
(帝国議会)			
1	津田　眞道	1890(明治23)年11月26日	1891(明治24)年12月25日
2	曾禰　荒助	1892(明治25)年5月3日	1893(明治26)年8月31日
3	楠本　正隆	1893(明治26)年11月26日	1893(明治26)年12月15日
4	安部井磐根	1893(明治26)年12月20日	1893(明治26)年12月30日
5	片岡　健吉	1894(明治27)年5月12日	1894(明治27)年6月2日
6	島田　三郎	1894(明治27)年10月15日	1897(明治30)年12月25日
7	元田　肇	1898(明治31)年5月16日	1898(明治31)年6月10日
8		1898(明治31)年11月9日	1902(明治35)年12月7日
9		1902(明治35)年12月7日	1902(明治35)年12月28日
10	杉田　定一	1903(明治36)年5月9日	1903(明治36)年12月11日
11	箕浦　勝人	1904(明治37)年3月18日	1908(明治41)年12月23日
12	肥塚　龍	1908(明治41)年12月23日	1912(大正元)年8月21日
13	關　直彦	1912(大正元)年8月21日	1914(大正3)年12月25日
14	花井　卓藏	1915(大正4)年5月17日	1915(大正4)年12月26日
15	早速　整爾	1915(大正4)年12月26日	1917(大正6)年1月25日
16	濱田　國松	1917(大正6)年6月21日	1920(大正9)年2月26日

17	粕谷　義三	1920(大正9)年6月29日	1923(大正12)年2月17日
18	松田　源治	1923(大正12)年2月17日	1924(大正13)年1月31日
19	小泉又次郎	1924(大正13)年6月26日	1927(昭和2)年3月25日
20	松浦五兵衛	1927(昭和2)年3月26日	1928(昭和3)年1月21日
21	清瀬　一郎	1928(昭和3)年4月20日	1930(昭和5)年1月21日
22	小山　松壽	1930(昭和5)年4月21日	1931(昭和6)年12月22日
23	増田　義一	1931(昭和6)年12月23日	1932(昭和7)年1月21日
24	植原悦二郎	1932(昭和7)年3月18日	1936(昭和11)年1月21日
25	岡田　忠彦	1936(昭和11)年5月1日	1937(昭和12)年3月31日
26	金光　庸夫	1937(昭和12)年7月23日	1939(昭和14)年8月31日
27	田子　一民	1939(昭和14)年12月23日	1941(昭和16)年12月22日
28	内ケ崎作三郎	1941(昭和16)年12月24日	1942(昭和17)年5月25日
29		1942(昭和17)年5月25日	1945(昭和20)年6月7日
30	勝田　永吉	1945(昭和20)年6月8日	1945(昭和20)年12月18日
31	木村小左衛門	1946(昭和21)年5月22日	1947(昭和22)年2月15日
32	井上　知治	1947(昭和22)年2月21日	1947(昭和22)年3月31日

(国会)			
33	田中　萬逸	1947(昭和22)年5月21日	1948(昭和23)年12月23日
34	岩本　信行	1949(昭和24)年2月11日	1952(昭和27)年8月28日
35		1952(昭和27)年10月24日	1953(昭和28)年3月14日
36	原　彪	1953(昭和28)年5月18日	1954(昭和29)年12月15日
37	高津　正道	1954(昭和29)年12月15日	1955(昭和30)年1月24日
38	杉山元治郎	1955(昭和30)年3月18日	1958(昭和33)年4月25日
39	椎熊　三郎	1958(昭和33)年6月11日	1958(昭和33)年12月13日
40	正木　清	1958(昭和33)年12月13日	1960(昭和35)年1月30日
41	中村　高一	1960(昭和35)年1月30日	1960(昭和35)年10月24日
42	久保田鶴松	1960(昭和35)年12月7日	1961(昭和36)年6月8日
43	原　健三郎	1961(昭和36)年6月8日	1963(昭和38)年10月23日
44	田中伊三次	1963(昭和38)年12月7日	1965(昭和40)年12月20日
45	園田　直	1965(昭和40)年12月20日	1966(昭和41)年12月27日
46		1967(昭和42)年2月15日	1967(昭和42)年11月25日
47	小平　久雄	1967(昭和42)年12月4日	1969(昭和44)年7月16日
48	藤枝　泉介	1969(昭和44)年7月16日	1969(昭和44)年12月2日
49	荒舩清十郎	1970(昭和45)年1月14日	1972(昭和47)年1月29日
50	長谷川四郎	1972(昭和47)年1月29日	1972(昭和47)年11月13日

51	秋田　大助	1972(昭和47)年12月22日	1976(昭和51)年12月9日
52	三宅　正一	1976(昭和51)年12月24日	1979(昭和54)年9月7日
53	岡田　春夫	1979(昭和54)年10月30日	1980(昭和55)年5月19日
54		1980(昭和55)年7月17日	1983(昭和58)年11月28日
55	勝間田清一	1983(昭和58)年12月26日	1986(昭和61)年6月2日
56	多賀谷真稔	1986(昭和61)年7月22日	1989(平成元)年6月2日
57	安井　吉典	1989(平成元)年6月2日	1990(平成2)年1月24日
58	村山　喜一	1990(平成2)年2月27日	1993(平成5)年6月18日
59	鯨岡　兵輔	1993(平成5)年8月6日	1996(平成8)年9月27日
60	渡部　恒三	1996(平成8)年11月7日	2000(平成12)年6月2日
61		2000(平成12)年7月4日	2003(平成15)年10月10日
62	中野　寛成	2003(平成15)年11月19日	2005(平成17)年8月8日
63	横路　孝弘	2005(平成17)年9月21日	2009(平成21)年7月21日
64	衛藤征士郎	2009(平成21)年9月16日	2012(平成24)年11月16日
65	赤松　広隆	2012(平成24)年12月26日	2014(平成26)年11月21日
66	川端　達夫	2014(平成26)年12月24日	2017(平成29)年9月28日
67	赤松　広隆	2017(平成29)年11月1日	2021(令和3)年10月14日
68	海江田万里	2021(令和3)年11月10日	現職

■貴族院

議長

代	氏名	就任年月日	退任年月日
1	伊藤　博文	1890(明治23)年10月24日	1891(明治24)年7月21日
2	蜂須賀茂韶	1891(明治24)年7月21日	1896(明治29)年10月3日
3	近衛　篤麿	1896(明治29)年10月3日	1903(明治36)年12月4日
4	徳川　家達	1903(明治36)年12月4日	1910(明治43)年12月5日
5		1910(明治43)年12月5日	1917(大正6)年12月5日
6		1917(大正6)年12月5日	1924(大正13)年12月5日
7		1924(大正13)年12月5日	1931(昭和6)年12月5日
8		1931(昭和6)年12月5日	1933(昭和8)年6月9日
9	近衛　文麿	1933(昭和8)年6月9日	1937(昭和12)年6月7日
10	松平　頼寿	1937(昭和12)年6月19日	1939(昭和14)年7月9日
11		1939(昭和14)年7月13日	1944(昭和19)年9月13日
12	徳川　圀順	1944(昭和19)年10月11日	1946(昭和21)年6月19日
13	徳川　家正	1946(昭和21)年6月19日	1947(昭和22)年5月2日

副議長

代	氏名	就任年月日	退任年月日
1	東久世通禧	1890(明治23)年10月24日	1891(明治24)年8月1日
2	細川潤次郎	1891(明治24)年9月30日	1893(明治26)年11月13日
3	西園寺公望	1893(明治26)年11月13日	1894(明治27)年5月12日
4	黒田　長成	1894(明治27)年10月6日	1901(明治34)年10月7日
5		1901(明治34)年10月7日	1908(明治41)年10月7日
6		1908(明治41)年10月7日	1915(大正4)年10月7日
7		1915(大正4)年10月7日	1922(大正11)年10月7日
8		1922(大正11)年10月7日	1924(大正13)年1月16日
9	蜂須賀正韶	1924(大正13)年1月16日	1931(昭和6)年1月16日
10	近衛　文麿	1931(昭和6)年1月16日	1933(昭和8)年6月9日
11	松平　頼寿	1933(昭和8)年6月9日	1937(昭和12)年6月19日
12	佐佐木行忠	1937(昭和12)年6月19日	1944(昭和19)年6月19日
13		1944(昭和19)年6月19日	1944(昭和19)年10月21日
14	酒井　忠正	1944(昭和19)年10月21日	1945(昭和20)年12月17日
15	徳川　宗敬	1946(昭和21)年6月19日	1947(昭和22)年5月2日

■参議院

議長

代	氏名	就任年月日	退任年月日
1	松平　恒雄	1947(昭和22)年5月20日	1949(昭和24)年11月14日
2	佐藤　尚武	1949(昭和24)年11月15日	1950(昭和25)年7月12日
3		1950(昭和25)年7月12日	1953(昭和28)年5月2日
4	河井　彌八	1953(昭和28)年5月19日	1956(昭和31)年4月3日
5	松野　鶴平	1956(昭和31)年4月3日	1956(昭和31)年11月13日
6		1956(昭和31)年11月13日	1959(昭和34)年5月2日
7		1959(昭和34)年6月23日	1962(昭和37)年8月6日
8	重宗　雄三	1962(昭和37)年8月6日	1965(昭和40)年7月30日
9		1965(昭和40)年7月30日	1968(昭和43)年7月7日
10		1968(昭和43)年8月3日	1971(昭和46)年7月17日
11	河野　謙三	1971(昭和46)年7月17日	1974(昭和49)年7月26日
12		1974(昭和49)年7月26日	1977(昭和52)年7月3日
13	安井　謙	1977(昭和52)年7月28日	1980(昭和55)年7月7日
14	徳永　正利	1980(昭和55)年7月17日	1983(昭和58)年7月9日
15	木村　睦男	1983(昭和58)年7月18日	1986(昭和61)年7月22日
16	藤田　正明	1986(昭和61)年7月22日	1988(昭和63)年9月30日
17	土屋　義彦	1988(昭和63)年9月30日	1989(平成元)年7月9日
18		1989(平成元)年8月7日	1991(平成3)年10月4日
19	長田　裕二	1991(平成3)年10月4日	1992(平成4)年7月9日
20	原　文兵衛	1992(平成4)年8月7日	1995(平成7)年7月22日
21	斎藤　十朗	1995(平成7)年8月4日	1998(平成10)年7月25日
22		1998(平成10)年7月30日	2000(平成12)年10月19日
23	井上　裕	2000(平成12)年10月19日	2001(平成13)年8月7日
24		2001(平成13)年8月7日	2002(平成14)年4月22日
25	倉田　寛之	2002(平成14)年4月22日	2004(平成16)年7月30日
26	扇　千景	2004(平成16)年7月30日	2007(平成19)年7月28日
27	江田　五月	2007(平成19)年8月7日	2010(平成22)年7月25日
28	西岡　武夫	2010(平成22)年7月30日	2011(平成23)年11月5日
29	平田　健二	2011(平成23)年11月14日	2013(平成25)年7月28日
30	山崎　正昭	2013(平成25)年8月2日	2016(平成28)年7月25日
31	伊達　忠一	2016(平成28)年8月1日	2019(令和元)年7月28日
32	山東　昭子	2019(令和元)年8月1日	2022(令和4)年8月3日
33	尾辻　秀久	2022(令和4)年8月3日	現職

副議長

代	氏名	就任年月日	退任年月日
1	松本治一郎	1947(昭和22)年5月20日	1949(昭和24)年2月25日
2	松嶋　喜作	1949(昭和24)年3月26日	1950(昭和25)年5月2日
3	三木　治朗	1950(昭和25)年7月12日	1953(昭和28)年5月2日
4	重宗　雄三	1953(昭和28)年5月19日	1956(昭和31)年5月9日
5	寺尾　豊	1956(昭和31)年5月9日	1956(昭和31)年11月13日
6		1956(昭和31)年11月13日	1958(昭和33)年6月12日
7	平井　太郎	1958(昭和33)年6月16日	1959(昭和34)年6月23日
8		1959(昭和34)年6月23日	1962(昭和37)年7月7日
9	重政　庸徳	1962(昭和37)年8月6日	1965(昭和40)年6月1日
10	河野　謙三	1965(昭和40)年7月30日	1968(昭和43)年8月3日
11	安井　謙	1968(昭和43)年8月3日	1971(昭和46)年7月17日
12	森　八三一	1971(昭和46)年7月17日	1974(昭和49)年7月7日
13	前田佳都男	1974(昭和49)年7月27日	1977(昭和52)年7月28日
14	加瀬　完	1977(昭和52)年7月28日	1979(昭和54)年8月30日
15	秋山　長造	1979(昭和54)年8月30日	1980(昭和55)年7月17日
16		1980(昭和55)年7月17日	1983(昭和58)年7月9日
17	阿具根　登	1983(昭和58)年7月18日	1986(昭和61)年7月7日
18	瀬谷　英行	1986(昭和61)年7月22日	1989(平成元)年8月7日
19	小野　明	1989(平成元)年8月7日	1990(平成2)年4月19日
20	小山　一平	1990(平成2)年4月25日	1992(平成4)年7月7日
21	赤桐　操	1992(平成4)年8月7日	1995(平成7)年8月4日
22	松尾　官平	1995(平成7)年8月4日	1998(平成10)年7月25日
23	菅野　久光	1998(平成10)年7月30日	2001(平成13)年7月22日
24	本岡　昭次	2001(平成13)年8月7日	2004(平成16)年7月25日
25	角田　義一	2004(平成16)年7月30日	2007(平成19)年1月30日
26	今泉　昭	2007(平成19)年1月30日	2007(平成19)年7月28日
27	山東　昭子	2007(平成19)年8月7日	2010(平成22)年7月30日
28	尾辻　秀久	2010(平成22)年7月30日	2012(平成24)年12月26日
29	山崎　正昭	2012(平成24)年12月26日	2013(平成25)年8月2日
30	輿石　東	2013(平成25)年8月2日	2016(平成28)年7月25日
31	郡司　彰	2016(平成28)年8月1日	2019(令和元)年7月28日
32	小川　敏夫	2019(令和元)年8月1日	2022(令和4)年7月25日
33	長浜　博行	2022(令和4)年8月3日	現職

第7章

会期及び国会開会頭初のイベント

1　会期制度

イギリスで議会が誕生した頃には、その開会数は多く、年に三回開かれることもあったようである（近藤、一九七〇年、一八〇、一八一頁）。無論、必ず年何回開きなさいといった義務規定等があったわけではなく、必要に応じて招集・開会されていたが、一年以上にわたる税の徴収が認められていなかったこともあり、戦争等で臨時に税を必要とする国王からすれば、頻繁に開かざるをえなかった事情はあった。それが一四世紀後半には年一回、あるいは招集されないこともあり、さらに一五世紀後半には何年も開かれないことがあった。議会が担っていた権能が他の機関に移されたり、複数年にわたる徴税が認められるようになったからである（関税、トン税、ポンド税は国王終身のものとなった）（近藤、一九七〇年、一八一頁)。

ところで、議会が招集されるたびに代表が選出されていたわけだが、議会の招集回数が減っていったにもかかわらず、そのたびごとに新たな議員を選出するのは煩わしいと考えられるようになったのだろう。たしかに、多額の費用はかかるし、選ぶにあたっての住民間の動揺もあったと思われ、一四世紀の後半に、エドワード三世が、正式の招集令状を発布せず、州長官に対して、前の議会の議員を再度派遣するよう命じたことから、同一議員が制度的に複数回の議会を経験することになった(村上、一九八〇年、八七頁)。ここから実質的に会期が始まったと言っていい。その結果と言っていいだろうが、ヘンリー四世の時代になると、議会終了の際に交付されていた「支出文書(writ de expensis)」が、次の議会にも同じ議員を招集する議会の終了の際には交付されず、議会の最終的な終了に際してのみ交付されることになった(ユリウス・ハチェックの説)(村上、一九八〇年、八八頁)。支出文書とは、個々の議員の出席状況や給費支出細目の記録であって、選挙区が議員に賃金や旅費を払うために必要なものであり、議員個人の要求で発行されたものであった。

国王側の必要性による議会の開会は減ったが、逆に庶民側からの開会の要求は高まった。それだけ国王の統治に庶民が不満を抱くようになってきた、もしくは庶民の統治に対する要望なり期待が高まっていったからであろう。チャールズ一世も議会の開会には消極的であったが、イングランド国教をスコットランドにも強要しようとして、スコットランドの反乱を招き、これを鎮圧すべく、一六四〇年、久しぶりに戦費調達のための議会(短期議会)を、次いで、戦いに敗北したことでの賠償金支払いのための議会（長期議会）を開かざるをえなくなった。そして、そこで、庶民側の圧力を受けて、少なくとも三年に一回は議会を開くことを義務化した第一次議会三年法を翌年の一六四一年に制定させられることになった（Blackburn, 1990, pp. 2-3）。その後、ピューリタン革命、クロムウェル護国卿の下での統治、さらに名誉革命と続く中で、議会の立場は一層堅固となり、メアリー二世下の一六九四年第三次議会三年法になると、その三年を議会の存続期間と改めて、これを議員の任期とするとともに、少なくとも年一回の議会の開会をも義務づけた。これが会期制度を確立させることになったと言っていいだろう。

なお、会期の始まりだが、戦費調達のための臨時の開会でなければ、当然その年の農作物の収穫が終わって、課税の概要が見えてからのことであり、一般的には、クリスマス後というのが多かった。それが二月くらいとなり、これが二〇世紀頭初まで続く。

ところで、イギリスでは、会期が始まる段階で、その終期を定めることはなかった（村上、一九八〇年、八〇頁）。かつては、テムズ川の悪臭が出る頃を目途に閉会するのが例であったが、議会の仕事が増えるにしたがって、会期日数も伸びていった。一九三〇年に、七月の終わりから一〇月までを夏季の休会とすることに決め、これによって会期の始まりが一一月に動くことになった。さらに、二〇一一年の議会任期固定法によって、下院議員総選挙の日時が五年ごとの五月の第一木曜日に固定されたが、その後の国政の混乱をもたらしたため、二〇二二年に廃止され、旧に復している。

アメリカでは、一月三日の正午に始まる九二年の議会期があり、ここに通例二つの会期が入ることになる。会期の始まりは一月三日だが、それでは早すぎることもあり、通例は、両院一致決議により、もう少し遅く始まることになる。特に会期幅を決めることはなく、法規上七月三一日までに閉会することになっている（下院議員選挙がない年は別の定め方）が、実際には、これも両院一致決議により、一一月から一二月くらいまで続くことになる。形式上、通常会と臨時会とがあるが、今述べたように、通常会の会期が延びて、臨時会を開くいとまがなくなったこともあり、第二次世界大戦後は開かれたことがない。

ドイツでは、ワイマール憲法の下で会期概念が消滅し（村上、一九八〇年、七八頁）、議員の任期と符合する議会期を中心に運営がなされているが、近年こうしたシステムをとる国も少なくない。イタリアやオランダがそうである。

我が国の場合、いまだに会期制度が厳格に残っているが、こうした国はもうあまりない。フランスが近い方だろうか。フランスは、大統領の権限の強弱によって制度も大きく変わる傾向があり、現在の第五共和政の下では、「合理化された議会制（parlementarisme rationalisé）」の原則によって、大統領権限の強化とそれに反比例しての議会権限の制限が行われているが、会期は厳格に残っている。議会の種類からすると、常会、臨時会、当然会の三つがあり（古賀・高澤、二〇一三年、九、一〇頁）、たとえば、常会は、毎年一〇月の最初の平日に始まり、翌年の六月の最後の平日に終了することになっており、会期はおよそ二七〇日くらいになる。臨時会の方は、こうした時期ではないときに、緊急の必要で開かれるものであって、それほど長く日数をとるものではない。

なお、「合理化された議会制」の原則から言うと、常会は、補充会議の開催という例外はあるにしても、本会議開会可能日数が一二〇日に制限されていることが興味深い。

2 会期不継続の考え方

会期間の関係であるが、現在のようにかなり先までいろいろなことを予定できる時代なら、会期をまたがったところで、そこで処理すべき案件をこれからどう扱うか計画を立てて進めることができるが、かつて、イギリス議会で会期制度が誕生した頃は、まだそれが議会期なのか会期なのかわからず、会期だとしても、その幅や次の会期へのインターバル期間等がはっきりしなかったこともあり、基本的には、一会期が終わると、その時点で法的に確定されなかったものは一旦ご破算にならざるをえなかった。将来のことがわからなければ、話がつかなかったものは、とりあえず頭を冷やしてもう一回やり直そうということになるのは、ある意味当然のことであろう。こうした判断は常識的なものであった。

しかし、これが、こと議会に関わることである限り、この判断なり仕組みがどうしても政治的な色彩を帯びるのは避けられないことであった。当初は、この会期不継続の原則は国王側に有利に働くものであった。つまり、国王からの議会に対する統制手段になったのである（村上、一九八〇年、八八頁）。村上英明は、イギリス議会の仕組みを継受したドイツでも、皇帝が閉会、停会、解散のいずれかの手段を駆使することで、議会に提出された法案の運命を自分の思いどおりにコントロールできるという政治的意義を有し、それはしだいに生じつつあった民主主義的、議会主義的傾向に対して君主原理の保持のために重要な寄与をしたとする（村上、一九八〇年、九二頁）。

だが、この原則は、国王側のみならず、個々の議員にとってもメリットになった。会期ごとに執行部等が一新された方が、議会でポスト等を得るチャンスが広がるし、一時不再議の原則を解除するためにも、会期不継続の原則は必要だったのである。

さらに、野党の仕事は政府提出の議案の成立を阻止したり、妨害することだという意識は、イギリスでも昔からあり、その例として、会期不継続の原則を骨抜きにしかねない公法案の次議会への継続を勧告した一八九〇年の特別委員会勧告や一九六六－六七年の議事手続委員会の勧告がつぶされたこともある（マッケンジー、一九七七年、一五五頁）。国王は下院を解散すればそれで済むが、そうしたことのできない庶民側の議員からすれば、嫌な案件は会期末まで持っていくことで、廃案に追い込むことが唯一の抵抗手段だったのである。

では、会期が独立というのは、具体的にどういうことかと言うと、まず議事手続きが会期ごとに更新されるということである。たとえば、イギリスの会期規則（sessional orders）は、会期ごとに更新された（村上、一九八〇年、七九頁）。プロイセンでも、一八五〇年の憲法制定後、下院の議事規則は会期ごとに議決された。アメリカでは、現在でも、下院は、毎議会期のはじめに、詳細な議事手続き上の事柄に関わる下院規則や委員会規則等を制定しているし、上院も委員会規則等を制定している。

第二は、役員らの選任、つまり、議長等の執行部の人事や常任委員の選任も会期ごとだということである。たとえば、ベルギーでは、議長らの選任、事務局組織の構築は会期ごとであった（一八三一年憲法第三七条）（村上、一九八〇年、七八頁）。ドイツでも、一九一八年までは、理事部の役員（議長、副議長、書記等）は会期ごとに選出され、委員の選任も同様であった（帝国議会議事規則第一一、五、二六条）。そのドイツの規定の元となったバイエルンでは、一旦閉会になった後に招集された議会は、同一の人々からそれが構成されていても、新しい議会とみなされ、理事部や委員会の新たな選任が行われたという（村上、一九八〇年、九〇頁）。この理由は、議会の機関における特定個人的構成が終了し、それら機関を担当する議員の代表権限が消滅すると考えられたからである（村上、一九八〇年、七七、七八頁）。我が国でも、帝国議会では、常任委員、全院委員長は会期ごとに選出されていた（議院法第二〇、二一条）。

こうした議事手続きや人事の会期ごとの更新は、端的に言うと、議論の土俵が会期ごとに変わるということであり、だからこそ、ある会期で議論していた案件に何らかの結論が出なければ、そこで案件自体が消滅するということにならざるをえなかったのである。これを案件不継続と言う。次の会期でその議論を継続したい場合は、案件を再度出す手続きから始めなければならなかった。たとえば、プロイセン下院議事規則第二二条、次いでそれを継承したドイツ帝国議会議事規則第七〇条もそのことを規定していた。

しかし、それでも、しだいに審議すべき案件が増え、せっかく積み上げてきたものが、閉会と同時に全て御破算になること、あるいは、単に審議の時間がないということだけで、提出されたものが消滅を余儀なくされることへの不満が高まり、これに対する善処の要求が高まってくる。構成員や議事規則といった手続き的なものが変わらないなら、あえて案件不継続にこだわる理由なり必要性があるのかということになったのである。ミュラーの言うように、「議院の召集と閉会という国王の大権は、支配階級が……望ましくない議院の共働を制限するという意味を持った」（村上、一九八〇年、一〇〇頁）、「議院は請願や提案を通じて……国家機構の仕事に介入することができた。それをできるだけ妨げ、あるいは議院が立法のために必要とする期間を限定することが、議院を召集・閉会する国王の大権の意味であった」とするなら、その原則はもっぱら国王のためだけにあるのではないかというわけである。

先に、会期不継続の原則のメリットを紹介したが、実は、こうした弊害なりデメリットもかなり前から意識されており、これを修正すべく、たとえば、イギリスでは、一六二四年、下院において、ある案件の次期会期への継続を求める動議が出されるが、否決されている（内閣法制局、一八九〇年、五一一頁）。

ただ、それでも、私法案については、一八世紀半ばくらいには、継続審議の慣例ができてくる（マッケンジー、一九七七年、二五五頁）。これには、私法案を提出するには手数料を払わなければならなかったことがあるかもしれない（Graves, 1990, p. 37）。つまり、せっかく手数料を払ったのに、審議が進まず廃案になってしまうと、提出者の責任でもないのに、再度手数料を支払わされるわけで、こうした不満に対する対処から特例として継続を認めたのだろう。手数料も、一八一〇年頃には廃止となる。

現在、イギリス議会では、基本的には会期不継続の原則が適用されているが、私法案や一部の混合法案（私法案と公法案の性格を有するもの）、そして特に継続審議を要すると認められる公法案は、継続することができる（古賀・高澤、二〇一三年、六頁）。公法案の継続審議が認められるようになったのは、近年のことであり、下院規則上、継続動議の可決によって可能となる。

アメリカも、もともとはイギリスと同様、会期不継続の原則を採用していたが、一八一六年に、継続審議を勧告する報告書が両院合同の調査委員会から出され（古賀・高澤、二〇一三年、三頁）、一八六〇年には、会期継続の原則が確立して（中村、一九九二年、五頁）、現在では、両院の議院規則にその旨明記されている。なお、上院の場合、条約承認案件は議会期を越えて継続されるのに対し、人事案件は特に継続を議決しない限り、会期末に大統領に返される。

一方で、早くから会期不継続の原則を放棄したり、そうしたものを導入しなかった国もある。ルクセンブルクやオランダ、第三共和政下のフランス、ベルギー、スペインである（村上、一九八〇年、九二、九三頁）。会期を、議会活動に対する外からの恣意的な区切りとして理解しなくなったからという。

3　国会の種類

国会の種類は、常会、臨時会及び特別会の三つである。しかし、憲法上は、常会と臨時会だけが明確に定められており（憲法第五二、五三条）、いわゆる特別会については、第五四条に、「衆議院議員の総選挙を行ひ、その選挙の日から三十日以内に、国会を召集しなければならない」と定められているだけで、その国会の性格については全く言及されていない。国会法第一条の方に、特別会は衆議院議員の総選挙後の国会であると定められているのみである。

このような定め方をしたのは、アメリカには、通常会と臨時会しかなく、かつ臨時会もほとんど開かれた例がないので、憲法の草案をつくる際に、帝国議会のものを参考にせざるをえなかったためではないだろうか。実際、明治憲法も、常会と臨時会とは明確に定めていたが（第四三条）、衆議院解散後の総選挙を受けて召集される議会については、その名称をはじめ、特段の定めがおかれていなかったのである（第四五条）。

このため、初の衆議院解散・総選挙後の第三回帝国議会（一八九二年〈明治二五年〉）では、山田東次議員から、政府は憲法のどの条文を根拠に、この議会の会期を四〇日と定めたのかとの質問が出され、政府は、第四五条には特に根拠となる規定がないので、第七条の一般規定により会期を定めたと答弁しているのである。実際の手続きを見ると、常会は会期が定まっているので問題ないが、臨時会は、召集の詔勅の中に目的を記載するため、それに必要な会期も併せて記されていた（後には、特に目的は記載されなくなる）のに対し、特別会の場合は、別の詔書でもって会期を定めたのである。

実のところ、衆議院解散・総選挙後の議会（解散から五ヶ月以内に召集されるべきもの）はどういうものか、システム設計を担当した政府もそこまでは考えていなかったようで、現実に衆議院解散という事態を迎えて、議院法第四五条にいう議会の性格の如何が議論になった。オプションとすれば、常会というものと、臨時会というもの、その時々でどちらかになるというもの、そして、特別会という独特のものという四つがあった。たとえば、ロエスレルは、この議会はどうあるべきかと政府要人から聞かれたのだろう、第三回議会の開院式の翌々日付で、これは常会であって、会期は三ヶ月にすべきであったと答えている（「ロエスレル氏議会解散後召集新議会会期ニ関スル答議」二七頁）。また、農商務省の官僚だった有賀長文も、伊藤博文に対し、常会と考えるべきだと具申している（「衆議院解散ヲ命ジタル日ヨリ五箇月以内ニ召集セラルル所ノ議会ノ性質疑問」一三五－一四一頁）。これ以外にも、井上密（井上述、刊行年不詳、一七四－一七六頁）、本野一郎（本野述・石河記、一八九六年、二九七－三〇〇頁）等も常会説を唱え、有力説だったと思われるが、井上毅は伊藤博文に「特別会」と考えるべきだと具申しており（「議会解散後ノ問議」一〇九－一一一頁）、これが受け入れられたのだろうか、実務上は、「特別会」として取り扱われることになる。

そして、新国会の仕組みを構築する中でも、このことは当然のこととして受け入れられたのである。

4　開会式

開会式は、天皇を迎えて、会期の頭初に行う儀式である。参議院議場で行われるが、まず主催者である衆議院議長が式辞を述べ、次いで侍従長が天皇にお言葉書を奉呈し、天皇からお言葉があり（お言葉書の朗読）、そしてそのお言葉書を衆議院議長が天皇から拝受するというものである。この拝受にあたって、階段を後ずさりする所作があり、これができなければ議長になれない等と言われたことがある。

かつて帝国議会でも、天皇が主催して開院式が行われた。このときの所作は、首相が天皇に勅語書を奉呈し、天皇の勅語があり、勅語書を貴族院議長が拝受するというものだった。儀式の骨格は現在でも変わっていないと言っていい。なお、開会式の場所として、新国会が始まるにあたり、衆議院議場を使うことが考えられたが、議場の構造や設備の都合で帝国議会と同様、参議院議場を使うことになった。

ところで、開会式なら議会なり国会の開会とわかるが、開院式だと一方の院だけのような印象を与える。古い本等を見ると、貴族院開院式と書かれていることもあるが、これは間違いである。なぜなら、議院法第五条に、両院議員を貴族院議場に集め、開院式を行うと定めているからである。では、なぜ開院式と言うかというと、それは、おそらく「両院合同」の式ということだからであろう。実際には帝国議会という組織は存在せず、両院があるだけなのだから。それに、開会式という言葉では、あたかも個別の本会議の開会をほうふつとさせるので、避けられたとも考えられる。

帝国議会が開かれる前から、この言葉は存在していたらしく、伊藤博文が編集した『憲法資料上』に集められている一八八〇年前後の議会当初のオープニング・セレモニーに関する二つの資料、つまり、ミュンヘン普通新聞の記事と北ドイツ普通新聞の記事にも、「ドイツ帝国国会開院式」と

「普彌生王国国会開院式」とあるように、いずれも開院式という言葉が使われていた。

新国会においては、帝国議会との違いを出す必要があったのだろう、あえて「開会式」としたと思われる。開会式と開院式との違いは、後者が会期の計算の始点であることである。現在は、召集日から会期を計算するが、かつては、召集日に衆議院で集会を開き、そこで正副議長候補者を選び、後日天皇の勅任によって正式に正副議長が選出されたが、こうした院の構成が終わって初めて議院が成立すると考えられており、その成立を待って開院式が挙行され、そこから会期が始まったのである。

5　国務大臣の演説・質疑

現在、ほとんどと言っていいほど、国会が開会されれば、政府の演説が行われる。常会の場合は、俗に政府四演説と呼ばれる首相の施政方針演説、財務相の財政演説、外相の外交演説、そして経済財政担当相の経済演説がある。これらは、その後の質疑とともに、必ずＮＨＫで中継放送されている。

施政方針演説は、次年度一年間の政府が進めたい基本政策について説明するもので、これに付随して財政的な裏付けや経済的な状況、あるいは外交的な問題を説明するのが、他の三演説である。特に財政演説は、実質的に予算の趣旨説明を行うものになっており、だからこそ、総予算提出日に政府四演説が行われる例になっているのである。

臨時会の場合は首相の所信演説が行われるが、それは、なぜ臨時会を召集したのか、どういうことを政府として国会で議論し決定してほしいのかを説明するものである。もともとは、この場合も「施政方針」と言っていたが、一九五三年（昭和二八年）の第一八回国会以降、「所信」として国会に通告され、しばらくは「施政方針」と「所信」とが混在していたが、一九六二年（昭和三七年）の第四一回国会以降は、完全に「所信」に一本化された。

補正予算が提出される場合には、常会臨時会等を問わず、財務相が財政演説を行うことになっている。これらの演説は、基本的には召集日に行われるが、例外も少なくない。

こうした演説が始まったのは第一回帝国議会からである。この議会は一八九〇年（明治二三年）一一月二五日に召集され、議長等が勅任されて議院が成立し、同月二九日に開院式が開かれている。ここから会期が始まるわけで、議会が活動できるようになったが、演説自体はその日に行われず、開院式からすれば七日目の一二月六日に、初の首相演説及び蔵相演説が行われた。予算案の提出が一二月三日だったので、演説はその後だったのである。伊藤博文や伊東巳代治は、開院式直後に演説をやるべきだと考えていたが、山縣有朋首相は、議案審議に入り、様子を見て行うつもりだったようである（岡、一九四四年、四四－四五頁）。

貴族院については、衆議院から貴族院への予算案の送付が翌二四年三月二日であり、翌日の三日に蔵相演説が行われているが、首相演説は行われなかった。

一九〇四年（明治三七年）の第二〇回議会からは、貴衆両院で演説が行われるようになった。貴族院から先に演説が行われたが、太平洋戦争に入った第七八回議会からは、一刻も早く予算を成立させたいとして、衆議院から演説に入ることが多くなった。戦後の新国会は、衆議院が第一院ということもあってか、最初から衆議院が先であった。

ところで、帝国議会では、演説が開院式の日（会期初日）に行われることはなかった。その一つの原因、特に後期の原因としては、旧会計法第七条が予算を前年の帝国議会集会のはじめに提出するよう定めていたが、実際にはこれに間に合わず、一九一七年（大正六年）以降は継続的に翌年に持ち越したことがあろう。そして、このことは新国会にも引き継がれる。かつての財政法第二七条は、予算の提出を前年度の一二月中を常例とすると定めていたが、相変わらず実際の提出は翌年となったため、開会式と演説もそれに合わせることとなり、召集日から演説までは事実上の一ヶ月の休会となったのである。しかし、一九九二年（平成四年）に常会の召集日が一月になってからは、基本的に開会式と演説は召集日に行われるようになった。

演説には、代表質問がつきものである。正式名は国務大臣の演説に対する質疑と言う。質問とは、国会では、文書によって疑問点を質すものであり、本会議場における口頭のものは質疑と呼ばれる。政府演説に対する質疑は、各党が代表なり幹部を押し立て党を代表して行うので、おそらく新聞用語なのだろうが、代表質問と呼ばれる。この順番は、当初は大会派順だったが、保守合同と両社会党再統一によるいわゆる五五年体制がなった直後の一九五五年（昭和三〇年）の第二三回国会において、まず社会党の議員（野党第一党）から始めることになった。

ところで、演説と質疑とは必ずしもセットではない。話が誰にでもわかることなら、別段質疑などする必要はないからである。政府も、最初の方は、質疑など意識していなかったと思われる。第一回議会のときには、松方正義蔵相の演説が終わったところで、河島醇議員が簡単な質疑を行い、蔵相がこれに答えている程度である。しかし、その後に新井章吾議員外三二名から四項目にわたる質問書が出されたため、これに答えるべく約一週間後に、文部、陸軍、海軍、外務の四大臣が答弁に立つことになった。なお、このときは、いずれも答弁に先立って、新井議員が質問の趣旨を述べている。ただ、陸奥宗光農商務相のみは本会議に出ることなく答弁書で済ませている。

ところが、その後、政府側も、徐々に、予算を無事通過させるには正々堂々と質疑を受けて立たなければならないことを悟るようになり、演説と質疑とが一体のものとして捉えられるようになっていった。一九一四年（大正三年）の第三五回議会からは、数日にわたって質疑が行われるようになった。

国会になってのことだと、開会の時間の関係で参議院が先に質疑を行っていたが、先に述べた第二三回国会からは衆議院が先となった。また、一九六二年（昭和三七年）の第四〇回国会の政府四演説から、野党が演説の内容を検討し質疑事項をまとめるべく、演説と質疑との間に一日間の勉強期間を空けることが慣例化した（正式に決定したのは、一九六三年〈昭和三八年〉の四三回国会の議院運営委員会〈一月二一日〉である）。常会の召集日が金曜日もしくは月曜日になるのはこのためで、金曜日の演説なら月曜日から代表質問、月曜日の演説なら水曜日から金曜日の一週間で衆参の代表質問が終わるからである。

第8章

議案等の審議、国政調査

1 議案審議のプロセス

国会では、法案の提出後、議長がそれを所管委員会に付託することから、その審議（厳密に言うと、本会議では最終的な議決があるので、「審議」と言い、委員会はその議決に資するための参考の意見を出すことから、「審査」と言うが、過程そのものを広く「審議」と言っている）が始まる。ただ、重要法案の場合は、本会議でその趣旨の説明を聞いた後、各党の代表議員が質疑を行い、その後に所管委員会に付託されることがある。現在では、ほとんどの法案が、一旦本会議での趣旨説明の要求がつき、現場の委員会で審査入りの合意ができてから、本会議での趣旨説明を聞くことなく所管委員会に付託されることが多い。

委員会でも提出者から法案の趣旨の説明があって、質疑、討論、採決という過程を経ることになる。委員会審査の大宗は質疑であり、時間的にもこれがほとんどを占める。質疑とは、法案提出者に対して疑問点を問い質すことであり、政府提出議案については、大臣や副大臣等、あるいは政府参考人を相手に行い、議員提出議案については、その法案を提出した人に対して行う。重要法案に対する質疑の場合は、さらに基本的質疑、一般的質疑、締め括り総括質疑と分かれることがある。一般的質疑のステージでは、広く一般の意見を徴するため、公募によって意見陳述者（公述人）を選び、彼らに対して質疑を行う公聴会、利害関係者や学識経験者らの意見を徴するための参考人質疑、あるいは公聴会の地方版である委員派遣（いわゆる地方公聴会）、重要なことを知っている人を宣誓の上で証言させる証人喚問といった議事手続きが行われることもある。こうした手続きをより多くこなすことで、その審査が充実したものとみなされ、内容に反対する野党に、審議不十分と言わせず、採決に参加させる誘因ともなる。

総予算審査の場合は、公聴会の開会は必須であり、かつそれ以外に、各省別に詳しく予算を審査する分科会も開かれる。よく政治的な焦点になるのがこの公聴会である。これが終わればいつでも採決できるとして、このセットに野党側が抵抗することがあり、かつては与野党攻防の一つの山場となることが多かった。

締め括り総括質疑は、その直後に討論・採決を行うことが前提となっており、各党が代表議員を立てて質疑する。これを終えると討論となる。修正案はいつでも提出できるが、討論に入るまでに出すのが通例である。と言うのも、修正案と原案とを併せて討論を行うからである。討論は、本来的には、賛否を明らかにして、その理由でもって他の議員を説得することである。しかし、こうした本来の意味はどの国の議会でも失われ、我が国でも、各党の意見表明といったものになっている。討論は、本会議なら、委員長報告に反対の党から始め、賛否交互に行わせるが、委員会の場合は、基本的に大会派順である。

討論が済めば、即採決である。これは、まだ議論の熱気がむんむんしているときに、その意思を明らかにした方がいいという考えからである。かつて帝国議会では、一旦時間を置いて採決したこともあるが、現在では、こうしたやり方は取らない。

委員会での審査の後、本会議において、委員長が審査の経過及び結果を報告し、場合によって各党の討論があってから採決となる。これが審議のプロセスである。

2　質疑中心の議事プロセス

我が国国会が独特なところは、質疑というプロセスがあること、そして、それが審査の大宗を占めることである。他の国では、基本的に討論という形、あるいはそうした形式にとらわれず通常の会議としてざっくばらんに審議が進められる。無論、我が国にも、議員間で議論を闘わせる討論のプロセスはあるが、各党の意見表明といったもので、議員間議論という要素は少なく、かつその時間も短く、採決の前に行われる一プロセスといった儀式的な性格を強く持ったものである。

我が国では、井上毅らによって議会システム自体は整備されたが、ソフトの部分までは完全に整えず、実際の議会での議論あるいは運用に委ねたと言っていい。その進め方は、常識論に則ったものである。つまり、どういうことを検討するにしても、まず提案を聞き、それに対して疑問点を質し、それから賛否を闘わせ、最後に決定にいたるわけで、これが審議のひな型になったのである。ただ、一般の人からすると、疑問点等は解説を聞けば、すぐにでも解消するわけで、本来なら賛否の激論を闘わせることが審議の中心にならなければならないということになろう。

なぜ質疑が審議の中心になったのかというのは、帝国議会初期の政治状況が大きく影響したと言っていいだろう。我が国の統治のシステムは、天皇が統治権を総覧し、内閣は天皇を補佐するものであった。議会は天皇の立法権を協賛するものであり、それは具体的には、民の代表として、政府が進める政策に意見を述べることであった。内閣は、そうした意見を真摯に受け止めはするものの、必ずしもそれに従う必要はなく、最後は自己の判断と責任で決定すればよかった。それがいわゆる「超然主義」である。「超然主義」の下では、大臣は議会において演説をしたり、法案の提案理由の説明をすれば足り、議員と延々と議論をする必要性はないと考えられていた。それゆえ、政府側と議員との議論の前提となる閣僚の議員職兼務といったことも、伊東巳代治ら一部の首脳を除いては、想定されていなかった。実際、第一回衆議院議員総選挙では、大臣として議員となったのは、唯一陸奥宗光農商務大臣だけであった。

しかし、政党、とりわけ野党的立場の政党からすれば、政府の政策を質し、その問題点、ひいては政府そのものを攻撃したいわけで、そうなると、大臣らを質疑の場に呼ぶしかなかった。彼らは大半が非議員であり、討論を闘わせる相手になりえなかったからである。

だが、その後、内閣の方も議会の重要性を感じるようになる。議会は自分たちに意見するところというだけでなく、そのステージを乗り越えないと、何事も進まないことを痛感するのである。与党を作るとともに、率先して議会の場に出て、政策への理解を求めようとするようになった。こうして内閣と野党双方の思惑が一致して、質疑の場が拡大し、審議の大宗を占めるようになったと考えられる。

なお、かつては、答弁するもしないも内閣側の自由と考えられたが、議会での承認を求めることが至上命題となると、答弁には完璧を期さざるをえず、これに詰まると、審議が止まったり、混乱したりするようになった。野党側からすれば、質疑の場に大臣らを呼ぶこと、そして、彼らをして完璧な答弁をさせることが審議の充実を担保するものとなり、これが満たされなければ、審議を止めることも当然と考えられるようになった。つまり、野党側の主要な戦術となったわけである。

ところで、先ほど我が国国会の審議の進め方は常識論に則ったものだと言い、たまたま明治期の政治的な背景があって、質疑が中心となる審議システムが成立していったとしたが、では、一方で、常識的な運びにもかかわらず、なぜ質疑というステージがアメリカやイギリス等に全くないのかという疑問が湧き上がってこよう。

これについては、イギリスでは、討論と言っても議案についての討論ではなく、一つの審議のステージを終えるかどうかの討論であるため、その中で議案についての質問をすることは何ら違和感はないと言っていいだろう。

アメリカの場合は、議案が委員会に付託されると、それが関係省庁、会計検査院に送られ、その意見が求められることになっており、そこで粗方の疑問点は解消されること、さらに外部、特に専門家等に意見を聞いて質疑したい場合には、公聴会がそのステージになっていると言っていいだろう。なお、我が国では、提案者に対して質疑をすることが重要な過程の一つとなっているが、アメリカでは、提案者の意図は、委員会冒頭の意見表明（Opening Statements）で、本人なりその代理的な立場の人から明らかにされることになっており、これに対して疑問点を質すことはない。

なお、質疑中心の議案審査構造に関連して言及すると、かつてこれを「官僚主導」のシステムとみなし、「政治主導」に転換すべきだとの主張がなされたことがある。これは、委員会での議案審査に際して、政府委員という政府の幹部級の職員が委員会に出席して、議員からの質疑には、もっぱら彼らが答えるというスタイルをとっていたことを問題視するものであった。その理由としては、①議員、特に野党議員から政府委員への一方的な質疑であって、議論を戦わせるということがなく、議案審査に深みが出てこない、②官僚の発言には、政府が責任をもって実行するという踏み込みができない、③審査があたかも議案を通すための「通過儀礼」のようなものにすぎなくなっているということであった。その結果、議員がまじめに政策を勉強せず、官僚に政策を丸投げし、かつ彼らともたれあって政治腐敗をもたらしたと考えるのである。

そこで、一九九九年（平成一一年）に、国会審議活性化法を成立させ、翌々年には政府委員制度を廃止し、政治家が主体的に質疑に答えることとした。

しかし、ここには、どの国も議案審議の方法はほぼ同じという誤解があるようである。先ほど述べたように、質疑というステージは我が国独特のものであり、他の国は、内容に違いはあれ、討論という形、あるいはざっくばらんな議論という形を取っていることを理解しなければならない。実は、我が国にも討論はあり、それは構成員たる議員のみに発言が許されたものであり、極端に言えば、質疑というものを廃止して、討論だけにすれば、諸外国と同じように、議員だけの議論になるのである。それを転換せず、単なる質問に対して、大臣が答えたら政治主導、同じことを官僚が答えたら官僚主導というのは、合理的な解釈とは言えないと、筆者は考える。

3　三読会

かつて我が国でも、帝国議会では、三読会（three reading system）というシステムが採用されていた。これは、本会議の第一読会から第三読会までの間に、議案等を審議し、最終的に確定させる過程である。もともとイギリスに源を発するもので、最初は、六とか七読会くらいまであったようだが、しだいに整理されて、三読会になった。読んで字のごとく、法案を別々の機会に三回読み、審議するということである。三読会が成立した条件としては、第一に、文字が読めない議員がおり、口頭で説明するしかなかったこと。第二に、印刷技術の未発達と紙が高価だったことがある。第三は、そうした物理的な条件とは違って、審議の充実・成熟をめざしたもので、①三回の読会を別の機会に行うことで、一回の衝動で決めることなく、冷静に判断できる、②議員は、次の機会までに関係者の意見を徴することができ、それを反映させることができる、③当初所用で欠席した人も次に参加できるというメリットがあるという点であった。

三読会と言っても、その態様は千差万別である。たとえば、イギリスでは、第一読会で法案名を読み上げ、第二読会で趣旨の説明と討論が行われ、ここで大綱を決定することになっている。その後委員会に付託するが、委員会では大綱の方針に従って逐条審査を行う。第三読会では、最終的な討論が行われ、ここで確定するというプロセスになる。しかし、これほど形の整った三読会はまれである。多くはその形がくずれ、より簡便になっている。たとえば、アメリカでは、規則上両院とも三読会の仕組みでもって審議されることになっているが、形式化しており、下院では、法案番号とタイトルが公報に印刷されることで第一読会が終了し、委員会に付託されることになっている。つまり、実質的には委員会審査が最初に来るのである。審査が終わると、本会議でその審議の規則（時間の配分や修正案の取り扱い等）を決め、全院委員会に切り替えた後、一般討議、次いで修正案審査を行う（第二読会）。再度本会議を開き、法案名が読まれ（第三読会）、その後に確定のための採決となる。上院の方は、議案提出時に法案のタイトルが二度読まれることで第一、第二読会が行われたものとして、委員会に付託され、委員会審査後、本会議で審議される（第三読会）。

我が国帝国議会では、第一読会で法案の朗読、趣旨弁明とそれに対する質疑を行い、付託委員会では、逐条審査を行い、第一読会の続《ぞく》で委員長の報告を聞き、大体の討論を行い、そこで大綱が決まることになっていた。第二読会では、その方針に基づいて全員による逐条審議を行い、第三読会で議案全体の可否を決する運びとなっていた。これは、ドイツやオーストリアのシステムでもあった。ただ、帝国議会では、第二、第三読会がしだいに形骸化し、省略されたり、形だけのものとなっていたため、このことが、戦後アメリカの制度をスムースに受け入れられた要因ともなった。

4 定足数

定足数とは、「会議体で、議事を開き、または議決をなすにあたって必要とされる出席者の数」である（清宮、一九七一年、二三八、二三九頁）。これは、どれくらいの人が参加すれば、その会議の有効性を認めうるかというところから来たもので、多くすれば、集めるのが困難となって、会議そのものが開けなくなる一方、少ないと、その決定に疑問符が付され、会議の権威が低くなってしまう。定足数は、各国議会でまちまちで、アメリカ、フランス、ドイツの各議会両院では過半数（算定のための母数は異なるが）であり、これがヨーロッパ諸国の大半でもある。これに対して、我が国は、かなり珍しいが、本会議の定足数を三分の一にしている。これは、伊藤博文の発案によるものと言われている（清水、一九四〇年、五九六頁）。

定足数を考える上で問題となるのが、その数は会議中ずっと維持されなければならないのかということである。つまり、議決する場合は当然として、質疑や討論、あるいは何らかの報告が行われたりしているときまで定足数は維持されなければならないのかということである。これについては、議事定足数と議決定足数とに概念を分けて考える学説もある。

衆議院では、会議の開催中は維持されなければならないと考えられている。衆規第一〇六条では、会議中に定足数を割った場合、議長は休憩を宣告するか、延会しなければならないと定めており、この趣旨からすると、基本的には会議が進行している間は、定足数が要求されているということになる。実際、定足数が欠けたり、そのおそれが出て、休憩したり延会した例はいくつかある（『平成二九年版衆議院先例集』三〇一、三〇二頁）。

帝国議会を見ると、旧衆議院規則第七八条は、会議を始めるに際して定足数に欠けている場合、間を置いて二回数え、足りなければ延会しなければならないとだけ定め、会議中の定足数不足には言及していなかった。一方、旧貴族院規則第六〇条の方は、会議中の定足数不足も同様と規定しており、こうした条文の比較からすると、帝国議会下の衆議院では、あたかも会議中に定足数が欠けても、そのまま会議を続行してよいかのような印象を与えるが、実際には、会議途中で定足数を欠いた場合もしくはそのおそれがある場合は、延会か休憩をしていた（『昭和一七年一二月改訂　衆議院先例彙纂　上巻』二二五、二二六頁）。そして、これが現在の先例そして衆議院規則の源ともなっている。

ただ、だからといって、どんなことがあっても会議の開催中ずっと定足数を維持しておかなければならないかと言えば、そうではない。第一回帝国議会において、窮民援助法案の審議中、末松謙澄議員から、議長が議事日程を宣告したり、選挙等の結果を報告したり、事件の報告をするときには、定足数を不要とする動議が出され、これが否決されたことがあるが（一八九〇年一二月六日）、これは先例とはならず、次の第二回議会で、諸般の報告は議事でないとして定足数は不要としたことが先例となっている（『昭和一七年一二月改訂　衆議院先例彙纂　上巻』二二三頁）。この考えは選挙の点検にも及び、第二八回議会で、両院協議委員の選挙の点検に関し、大岡育造議長は定足数は不要だとしてその事務を進めたことがある。このことは、新国会にも先例として引き継がれている。

一方で、参議院規則第八四条の方は、そのまま貴族院規則の文言を引き継いだわけではなく、会議中の定足数不足の場合には、休憩の宣告もしくは延会が「できる」と規定した。この文言を素直に読むと、定足数が欠けても、場合によっては会議を続行できるようであるが、基本は帝国議会と変わらず、会議の最中に定足数を欠いた場合は、休憩または延会となる（『平成二五年版　参議院先例録』二七二頁）。あえて「できる」と規定したのは、定足数が必要でない場合があったり、あるいは議員の質疑で議場が白熱している最中等は、突然に休憩すべきものではないと考えたからであろう。

貴族院でも、その規則どおり、会議中に定足数を欠いた場合は、休憩か延会をしていたが（『自第一回議会－至第七四回議会　貴族院先例録』一一七、一一八頁）、衆議院と同様、特に議決を要しない軽便な案件、つまり、議長の報告には、定足数を要しなかった（『自第一回議会－至第七四回議会　貴族院先例録』一二五、一二六頁）。

ところで、先に挙げたアメリカやドイツ、フランスでは、この議事定足数は厳格に要求されていない。また、イギリスも、上院の議事定足数が三で、議決定足数が三〇、下院の方は、議決定足数のみあって、四〇である。四〇となったのは、一六四〇年代のカウンティの数が由来だという（前田、一九九〇年、一八、二四、二五頁）。つまり、欧米の主要国の議会は、定足数が揃わなくても開会時間になれば、会議は開かれるのである。このように、定足数を厳しく要求しないからこそ、年間一〇〇〇時間も開けるのであろう。よく識者が我が国の本会議開会時間が少ないと批判するが、ほとんど議員のいない中での審議がいいのかと逆に疑問を感ぜざるをえない。

我が国では、議員の出席率は非常にいい。議事担当者が会議の開催中出席議員数を数えているが、三〇〇を切ることはほとんどない。特に一年生議員の出席率及び滞在率は大変すばらしい。各党の教育のたまものだろう。

5　本会議趣旨説明・質疑と重要広範議案

国会では、議案が提出された場合、原則としてすぐに所管の委員会に付託されることになっているが、本章の1で述べたように、その例外として、一旦本会議で提出者からその議案の趣旨等を聞き、それに対する質疑を行い、それから委員会に付託することがある。このように、本会議で議案の趣旨の説明を聞き、場合によって、それに対する質疑を行うことを、本会議趣旨説明・質疑と言う。

重要広範議案とは、趣旨説明を聴取する内閣提出議案の中でも選りすぐりのもので、内閣がその国会の目玉に挙げている議案とか、世間で耳目を集めている議案、与野党で鋭く対決している議案等であって、本会議で各会派が質疑者を立てると同時に、答弁には首相が立ち、かつ所管委員会の基本的質疑にも首相が出席する議案を言う。概念的には比較的新しく、一九九九年（平成一一年）から使われるようになった。

趣旨説明を聞くことになったのは、早くも第一回国会からである。帝国議会では、三読会制が採用され、第一読会（本会議）において、提案者から議案の提案の理由やその趣旨についての弁明を聞くことになっていた。ところが、新国会では、アメリカの議案審議システムが導入され、議案が提出されたら直ちに所管の委員会に付託し、委員会での審査を終えてから、本会議に報告され、審議されることになった。つまり、その委員でない議員は、ほとんど議案の審査に関与することなく採決に臨まなければならなくなったのである。

無論、議案が提出されれば、それは印刷に付され、全議員に配付されるが、それだけでは、どこに問題があるといったことはなかなかわからなかった。それに、戦後すぐのことで、議案の印刷が間に合わず、その内容を知りたくても知ることができなかったり、さらに、委員会議録の印刷も遅れ、委員会での審査の内容もすぐにわかるわけではなかったのである。また、現在のように、政党・会派の政務調査部門がうまく機能して、所属の議員たちが自由に説明を聞いたり、資料をもらえるわけでもなかった。

そこで、重要法案については、まず全議員に周知すべきだとの声が高まり、院議によって趣旨の説明を聞くことになった。そして、そのステージとして自由討議等が活用され、第二回国会になると、この制度化が図られ、国会法第五六条の二が追加されて、第三回国会から実施された。

当初は、委員会に付託した後に、要求があれば、本会議でその趣旨を聞いたが、一九五三から五四年（昭和二八年から二九年）の第一九回国会頃から、先に趣旨説明・質疑をして、それから委員会に付託することが多くなった。さらに、一九五八年（昭和三三年）の第二九回国会からは、重要な法案が提出されると、結果的に本会議趣旨説明がなされなくとも、一旦各会派から書面による趣旨説明聴取要求が出され、委員会付託が留保される、いわゆる「つるし」の慣行ができてきた。そして、これが対決法案の審議を遅らせるための一種の抵抗手段として機能するようになっていったのである。

一九九三年（平成五年）、細川護熙内閣のときに、野党自民党は、提出される閣法全てに趣旨説明要求をつけた。その後、他のほとんどの会派も一旦要求をつけるのが慣例となり、各委員会の理事会で、次の審査法案が決まり、およその審査スケジュールが合意してから、「つるし」が降ろされることになった。しかし、これは、今述べたように、政府・与党側からすれば、議案審議に対する一種の遅延手段でもあり、折に触れて、与党側は、国対委員長会談や議院運営委員会を通じて、「つるし」をなるべくしないよう、野党側に求めてきた。その甲斐あってか、二〇一四年（平成二六年）の第一八六回国会で、共産党、社会民主党を除いた当時の主要政党で、「国会審議の充実に関する申し合わせ」を行い、そこで、提出議案は速やかに付託することが合意された。これに従って、自民党、公明党の与党は、次の第一八七回国会から要求をつけないことにしたが、これは、その合意を率先して守っていることを示したいということがあると思われる。

ところで、一九九九年（平成一一年）の国会改革で、政府委員制度の廃止と副大臣等の設置、党首討論（国家基本政策委員会合同審査会）の新設があり、党首討論を行う代わりとして、首相の負担を軽くすべく、他の案件での首相の国会出席を制限しようということになった。つまり、どうしても首相が本会議に出席して答弁しなければならない議案を重要広範議案とし、その数を四本と定め、これ以外の議案の最大登壇回数を二一コマとしたのである。これは、最大野党が議案の趣旨説明に対し、その会期中二五人の質疑者を立てることができるということであった。他の野党は、所属議員数に応じたコマが割り当てられた。その後、二〇〇四年（平成一六年）の第一五九回国会で、重要広範議案込みで最大二五コマと改められた。ただ、野党第一党の所属議員数が少ない場合、このコマ数は少なくなり、たとえば、二〇一三年（平成二五年）の第一八三回国会では、野党第一党の民主党の所属議員数が五六名であり、コマ数は一七とされた。

臨時会の場合は、その都度協議である。

6　常任委員会と特別委員会

本来なら、どの会議体も構成員全部が議論に参加して、十分な討論の後、その意思を決定しなければばならない。しかし、構成員が多数に及ぶ場合は、彼らの理解に差がある上に、時間的・物理的制約によって、詳細かつ精緻な議論ができづらい。また、論点も散りやすく、容易に物事を決めがたくなる。このため、最終決定は全体で行うものの、その前段階では少数の専門家で議論して一定の方向性を決め、その内容を他の構成員に周知した上で採決に入るということも十分認められることである。これが委員会の始まりであり、イギリスでは一五三〇年代には登場し、一六世紀末に確立したと言われている。

我が国国会には、常任委員会と特別委員会の二種類がある。二〇二四年（令和六年）四月現在、常任委員会は、衆議院が一七個、参議院も同じく一七個、特別委員会もそれぞれ八個ある。参議院には、これ以外に調査会がある。

一方、帝国議会下の衆議院には、予算、決算、請願、懲罰、建議（第六三回帝国議会以降院議により設置）、貴族院には、予算、決算、資格審査、請願、懲罰のそれぞれ五個の常任委員会があった。議院法第二〇条によると、常任委員は、一定の案件を担当し、一会期中その任にあることとされていたのに対し、特別委員会の方は、特に付託された一事件を審査すると定められており、具体的には、付託された一法案を審査するだけで、それが終われば消滅するものであった。ただ、帝国議会末期には、根幹となる法案の審査委員会に、関連する法案、あるいは直接関連がなくともその省から提出されたものはまとめて付託した（併託した）ので、ほとんど各省別の常設的な委員会だったと言ってもいいくらいであった（西沢述、一九五九年、四六頁）。だからこそ、戦後の新国会を設計するにあたり、すんなりとアメリカの委員会制度を取り入れることができたのである。

なお、常任、特別以外に、全議員を構成委員とする全院委員会というものもあったが、これは議会創設初期に若干開かれただけで、その後は開かれることがなかった。

戦後、ＧＨＱの要求により、常任委員会を政治活動の部門ごとに作ることになった（西沢述、一九五九年、六頁）が、その後、衆参とも、省庁別に設けたり、事項別に変えたりした末に、現在では、衆議院・参議院とも省庁別に設けられている。

ところで、「常任」（standing）というと、正規性（regular、formal）や定期性・継続性（permanent）を思い浮かべ、「特別」（select）には、非正規性・特殊性（special）や一過性・臨時性（ad hoc）を思い浮かべるが、帝国議会の常任委員会は、もっぱら毎年出る案件等を扱うという定期性・継続性の点に重点があったようである。たとえば、予算案とか決算、請願、あるいは建議案である。無論、懲罰は定期的に出るものではないが、それでも一回限りではないという点で、一種継続的な要素を持っていた。これに対し、特別委員会はその反対で、ある法案等に関する一回限りの審査という面を強く持っていた。だから、その審査が終われば、委員会は消滅したのである。

では、現在の国会はどうかと言うと、常任委員会は、基本的に全ての政治分野を網羅し、議案の審査のみならず国政調査も行う点からして、正規性を持ち、かつ案件が絶え間なく存在し、委員も議会期中その任にあることが求められていることからして、継続性をも持ち合わせていると言っていい。

一方、特別委員会は、常任委員会の所管に属しない案件を審査・調査するときや、特に必要だと認めたときに設置されることになっているが、無論、常任委員会の所管に属しない案件等ほとんどなく、実際には常任委員会の所管が重なっていて、一つの委員会で集中的に案件を処理した方がいい場合等に設けられることが多い。その点では、一過性・臨時性に重点があると言っていいだろう。

ところが、目を海外に転じてみると、常任、特別の意味が各国で大きく異なることがわかる。たとえば、イギリスでは、standing committee とは、議案の逐条審査を行うステージであり、A委、B委、C委とアルファベット順に順次法案が付託され、そこでの審査が終了して本会議に報告すると、その役割を終え消滅することになっている。その点では、standing とは、立法府としての定型的・典型的な職務を行うこと、つまり、正規の仕事である立法を行うことを意味していると考えられる。一方で、select committee の典型例は省庁別のものであり、常設的に調査を担当している。立法以外の特に選ばれた案件を担当するという意味で特別（select）とされているわけで、継続性とか永続性は全く考慮されていない。

アメリカでは、我が国現行制度のモデルだったこともあり、我が国同様、常任委員会（standing committee）は、一定の政策分野を所管とし、立法活動を行うものとされる。委員も議会期中その任にある。つまり、正規性のみならず、定期性・継続性をも持ち合わせているのである。一方、特別委員会（select committee、special committee）の方は、法案審査権限を有する委員会もあることにはあるが、もっぱら調査を担当する点、そして、委員の任期がその調査なり法案審査が終了した時点で終了する点からして、非正規性・特殊性と一過性・臨時性の両方の性格を有すると言っていいだろう。

なお、我が国のような会期制を採っていないので、それらの仕事が長引けば、どうしても常設的な性格を帯びざるをえないことは事実である。

また、現在では、select と special とはほとんど差がないが、かつて上院では、select committee の委員は院議で選ばれて、法案審査もできた一方、special committee の委員は指導部で選ばれ、法案審査はできなかった。

7　基本的質疑と一般的質疑

本章の1で既述したように、重要議案を委員会で審査する場合、質疑を、基本的質疑と一般的質疑に分けて実施することが多い。もとは、総括質疑と一般質疑と呼び慣わしていた。基本的質疑とは、各党の代表級の議員が法案もしくは予算全体について質疑するものであり、一般的質疑は、それ以外の議員が細目について質疑することを言う。しかし、これは、単に質疑の範囲だけでなく、その形式も違うものである。基本的質疑は、首相、場合によって全大臣がその答弁の有無にかかわらず出席を義務づけられるのに対し、一般的質疑の場合は、首相は出席を免除され、答弁要求大臣だけが出席すれば足りるものとされる。そして、これに対するマス・メディアの対応も違い、たとえば、基本的質疑には、NHKのテレビ中継が行われることが多い。なぜこうした形式ができたかと言うと、予算委員会にその淵源がある。

かつて帝国議会では、予算の審査は、所管の大蔵大臣が出席し、個別の予算を担当する大臣と答弁を要求された大臣とが、その都度出席するという形で行われた。質疑の範囲については、全般的に質疑するのが総会であり、各省別の細目は分科会で行うという仕切りがなされていた。ただ、総会の全般的な質疑についても、その発生の時期は明確ではないが、最後に首相の出席を求めての各党の代表質問という形はとられていたようである。

新国会においても、この手法は踏襲され、たとえば、一九四九年（昭和二四年）の第五回国会では、昭和二四年度予算を審査するに際し、採決までの日程を明らかにするとともに、最後に各党代表質疑を行うとしている。

ところが、常会の冒頭という適切な時期に初めて予算が提出された翌年の第七回国会では、与野党とも新たな仕組みで予算審査をしたいという気持ちがあり、委員長は、理事会協議に基づき、予算委員会は総合的な委員会であることを踏まえ、全大臣に出席を求めるとした（一九五〇年一月二〇日）。そして、このあたりから、最終の代表質問、あるいは対首相質疑を「総括」と呼び慣わしたようである（同年二月八、九日）。

委員会の要請を受けて、政府の方は極力大臣を出すよう努めたが、全大臣出席が厳格に守られるまではかなりの時間を要した。と言うのも、参議院での代表質問の日程が延びたり、参議院の予算の事前審査が並行的に行われたため、大臣の取り合いになったり、あるいは大臣の方もそんなに長く国会に拘束されることを嫌ったからである。それに、たとえ全大臣を揃えられるにしても、予算審査中ずっと拘束しておくわけにもいかないので、結局、審査の冒頭と最後に出すという形で落ち着くことになった。実際、一九五一年（昭和二六年）の第一〇回国会になると、冒頭に各党代表質疑（総括）が入り、最後の代表質問は「締め括り総括質疑」と呼ばれるようになった。そして、その間の質疑は一般質疑と称されるようになった。一九五三年（昭和二八年）の第一五回国会からは、総括質疑がさらに第一陣、第二陣、第三陣と分かれ、順にその時間を短くするとともに、第一と第二に首相が出席し、第三陣は協議とした。

しかし、それでもなかなか全大臣出席がかなわず、ときに混乱をもたらすこともあったが、その転機となったのは、いわゆるバカヤロー解散である。この国会で、衆議院では通った予算が未成立となり、次の第一六回国会に持ち越されたのだが、政府・与党は、これまでの横柄な姿勢が原因だったと反省し、より丁寧な対応を取ることとしたのである。ただ、これには、吉田茂首相本人は不満だったらしく、従来の予算委員会出席は二日間だったのに、今回は五日間も出されたと不満を漏らし、佐藤栄作幹事長に予算委員長を代えるように指示したとも言われている（毎日新聞、一九五三年六月二六日）。

しかし、この後の総予算審査となる一九五四年（昭和二九年）の第一九回国会からは、冒頭の提案理由説明から全大臣が出席するようになった（二月一日）。

ところで、予算委員会の質疑の持ち方だが、いわゆる五五年体制が成立した頃から、委員の持ち時間は、総括質疑一人二時間、一般質疑一人一時間半となり、野党委員全員が総括質疑を行うようになると、そのときの野党の委員数にもよるが、全大臣出席の総括質疑だけで四〇時間を超えるほどになった（日数にして六、七日間）。そして、ＮＨＫが、各党の代表委員一名の質疑を中継放映するとしたため、こうした一連の代表の質疑を総括第一陣とし、残りを第二陣、第三陣などとした。

一九七三年（昭和四八年）の第七一回国会では、総括第一陣の発言順位は、各党一人・大会派順ではなく本会議における国務大臣の演説に対する質疑の順序に準じることを、委員会で議決した（一月三一日）。

基本的質疑と一般的質疑に衣替えしたのは、一九九九年（平成一一年）の第一四六回国会における国会改革においてである（九月一七日の与野党国対委員長会談）。いわゆる党首討論の設置に伴って、首相の他の議事への参加を制限することになり、予算委員会については、基本的質疑と締め括り質疑のみに限ったのである。基本的質疑は、総括質疑の各党第一陣だと言っていいだろう。なお、その後、首相の出席は、集中審議にも認められることになった。

ＮＨＫの中継放映は、先に引用した一九五三年（昭和二八年）の第一六回国会における予算委員会の総括質疑を初例とする。

8　逐条審議について

我が国国会の審議が空洞化していると言われることがある。それは、一つには、与党が事前審査を行うために、本番の国会審議においては、野党が一方的に提出者（政府側）に質疑するだけという

「通過儀礼」になっているのではないかということ、第二には、事前審査と密接に関わる党議拘束のため、与野党間の歩み寄りが期待できないという二つのことが、その原因として挙げられる。だが、学者の中には、第三の原因として、法案全体が議論の対象になっていることを指摘する人もいる。つまり、最初から最後まで法案全体を議論の対象とすると、目的とかその影響等に議論が集中し、個々の条文の検討がおろそかになるのではないかというのである。そして、逐条審議（必ずしも条ごとではなく、各節ごとということもある）をその処方箋として提示し、これだと細かく勉強もするだろうし、大きな視点からは見えなかった細かい論点も見えてくるだろうとする。

かつて我が国帝国議会においても、議案審査特別委員会及び第二読会のステージでは逐条審議を行うことになっており、実際に実行されたことがあるものの、すぐに廃れていっている。これには、逐条審議が現実的ではなかったことがあろう。つまり、法案には、重点となる部分とそうでない部分があり、いちいち全て審議するのは、大変な労苦だったことがある。ましてや改正法案となると、その傾向が顕著であり、逐条審議の意義を見出すのは難しい。さらに、これに加えて、我が国の改正法案の作り方にも原因があったのかもしれない。溶け込み方式と言って、条文が、「第○条の「○○」の後に「△△」を入れ、「□□」を削除し、第◇条中、「▽▽」を「◇◇」に改める」といった形で作られており、逐条審議になじまないのである。逐条審議のためには、新旧対照表方式にせざるをえないが、そうした提案がなされたことはない。

もう一つ、逐条審議の有効性に疑問を感じさせるものは、審議のプロセスであり、こちらの方がより影響が大きかったと思われる。本章3の「三読会」のところで説明したが、我が国では、委員会審査の後の第一読会の続で大綱が定まることになっており、それは、与野党の政争が委員会段階から始まるということでもあった。つまり、与野党の天下分け目の戦いが委員会審査を主戦場として行われるわけで、そんなところでは、個々の条文の文言などよりも、その法案の目的とかデメリットとかが焦点となりがちである。このことも逐条審議を根付かせなかった理由の一つであろう。

一方、イギリス議会では、第二読会での大綱の決定の後に委員会審査が入ることになっている。本来なら、大綱が定まった以上、修正の余地はかなり狭まり、委員会で修正案を審査する意味が薄れるのではないかと思われるが、引き続き政府に対抗したい野党からすれば、委員会審査で細かいところを突いて時間を引き伸ばすということも視野に入ってくる。だからこそ、逐条審議がイギリスで根付いたのであろう。ちなみに、イギリスでの逐条審査は、「The clause stand part of the bill」と委員長から問いがあって、修正案が出されることになっており、修正案提出者が原案提案者や大臣に、原案の問題点や自分の主張する改善点を問うことが多いが、反論を受けて撤回することが少なくない。つまり、自分たちの要求をぶつけたというにすぎない風景がよく見受けられるのである。

アメリカ議会では、我が国と同様、まず委員会審査から入ることになっており、公聴会を経た後、マークアップ・セションと言って、基本は修正案の審査を実体とする逐条審査であるが、さらに討論、採決をも行うステージへと移ることになっている。こうした構造でありながら、逐条審査が生きているのは、当然多くの修正案が出されるからであり、その第一の原因は、審査の対象議案が、予算等を除いては、それほど政争になるものがなく、委員会審査に乗れば、多くが採択の方向に向かうからであろう。すでに第2章の4で述べたように、大統領が自己完結的に実行できることが多く、議会のステージに上がるのは、それほど政争的な問題は、大統領が実行したいと思っている政争的な色彩が強いものは多くなく、だからこそ、法案の是非だけに集中せず、さまざまな点での修正が提案されるのである。

しかし、それ以上に大事なのは、提出議案に関わる事前調整の有無であると考える。

我が国では、政府提出議案については、各省庁が関係団体等との協議・調整の上、さらに与党の事前審査を経て提出されることになっている。つまり、ほぼ完成版として出てくるのである。だが、アメリカでは、議案を提出できるのは議員だけであり、彼らは自分の信念に基づいて、あるいは支持団体の要請に基づいて、議案を提出しているにすぎない。我が国の政府提出議案のように、事前に幅広く深く調整しているわけではない。その調整を行うのが、実は議会という場なのである。つまり、我が国の省庁の法案作成段階にあたるところから、委員会のステージでやっていると考えていい。他の団体からバックアップされたり、違う州の利害を代表する別の議員が、このステージに、自分たちの考えを修正案としてそれなりの数出してくるわけで、だからこそ、セクション別にこれらを審査するのである。

それに、我が国政党・会派の政務調査機関のように、議員が自由に手を挙げて発言できるわけではなく、議員が審査の場で何かを発言するためには、修正案を提出するといった形式が必要なのも、修正案の提出数を多くする要因の一つになっていると言っていい。

　ただ、近年では、大統領や各省庁長官等からの行政書簡（executive communication）等を通じて法案の提出が依頼されることが多く、こうした場合には、それなりの調整がなされているとも考えられ、修正案の提出に何らかの影響を与えている可能性はあろう。

9　集中審議

　集中審議とは、読んで字のごとく、何か特定の重要問題にテーマを絞って、委員会において質疑を行うことをいう。国会用語からすれば、委員会段階のことなので、集中審査とでも言うべきものであるが、もともといわゆるマスコミ用語であって、これを借用しているわけである。

　集中審議は、一九七三年（昭和四八年）の第七一回国会において、昭和四八年度予算を審査している予算委員会で初めて登場した。総括質疑終了後にドルの切り下げと円の変動相場への移行があったため、二日間、首相に対する円問題に関する質疑として行われたのである（二月二〇、二一日）。ただ、そのときには、特に「集中審議」という言葉は使われなかったが、翌月の商品投機・円問題に関する質疑（三月九、一〇日）については、新聞に「集中審議」という言葉が登場した。そして、翌年の第七二回国会での予算委員会になると、石油ショックによる狂乱物価問題に関し、関係業界から多数の参考人を呼んでの三日間の質疑を集中審議と称することになった。

実は、これ以前にもテーマを絞って質疑したことは初期国会の予算委員会に例がある。しかし、それらと集中審議との違いは質疑の形式であり、総括質疑終了後に、それと同様の形式でもって質疑するために編み出されたやり方であった。基本的には全大臣出席であるが、その後の集中審議では、答弁出席者側は、首相と関係大臣だったり、関係大臣のみとか、あるいは参考人や証人等もあった。しかし、近年は、もっぱら首相が出席しての質疑ということを意味している。

集中審議の特徴は、NHKテレビの中継放映がなされることである。総予算でいうと、NHKテレビの中継放映は、基本的質疑のみと決められているため、集中審議はその例外扱いとして貴重である。初めて集中審議に対してNHKテレビの中継放映がなされたのは、一九七九年（昭和五四年）の第八七回国会におけるダグラス・グラマン事件で、政府や証人・参考人に質疑を行った（二月九、一四、一五日）。その後も、リクルート事件とか湾岸戦争といった重要なトピックについて放映がなされていたが、二〇〇二年（平成一四年）あたりからほとんどの集中審議を中継放映するようになった。それゆえ、今では、集中審議は、首相が出席し、NHKテレビの放映があるものと考えられている。こうした先入観が定着したためか、政党や議員らは、答弁要求大臣だけが出席してテレビ放映されない一般質疑よりは集中審議を好み、まず集中審議をやることを決め、それからテーマを探すのが最近の傾向となっている。基本的質疑から漏れた質疑者からすれば、自分が首相相手に論戦していることが全国に放映されるわけで、大きなアピールになるのである。かつては、地元に予算を持ってくることが議員の仕事のように考えられたこともあったが、現在では、それもままならず、ゆえに、メディアに活躍の場面を映してもらうのを重視するようになった。

たとえば、二〇一三年（平成二五年）の総予算審査では、基本的質疑四日間、一般的質疑四日間に対し、集中審議七日間（＋別枠一日間）と、それまでにない集中審議の集中であり、官邸から自民党国対にクレームがついたとのうわさが流れたほどである。しかし、これ以降、集中審議中心の審査構造は徐々に定着しつつあると言っていい。

10 公聴会と証人喚問

公聴会とは、国民に大きな影響を与える案件を対象に、利害関係者や学識経験者らを公述人として招致し、その意見を陳述してもらった後に質疑をするものである。特に、総予算や重要な歳入法案の場合は、国会法第五一条により必ず開かなければならないことになっている。総予算の場合は、公聴会さえ済めばいつでも採決できるとして、この日程の設定が与野党対決の山場の一つになることが多かった。

この制度は、ＧＨＱの示唆により導入された。ＧＨＱは、当初、帝国議会は議員だけで議案を審議し、外部の意見を聞かなかったために政府の暴走を止められなかったと考えていたようである。そこで、政府職員や民間人等を招致してその意見や説明等を聞くことが大事だとして、自分たちの国アメリカの制度を念頭に、hearing を設けるよう指示してきたのである。しかし、実際には、帝国議会でも、大臣や政府委員らが出席して演説なり答弁を行っていたわけで、日本側からすれば、それほどそうした仕組みの必要性は感じられなかった。それでも、GHQが指示してくるため、民間人等を招致するための新たな仕組みとして設けることにし、それを公聴会と称することにしたのである。そのためだろう、第九一回帝国議会における国会法案審議では、連邦議会の公聴会ではなく、マサチューセッツ州での公聴会を念頭に置いてその意義が説明されている。ただ、国民の代表を選んでおきながら、さらに公聴会で国民の意見を徴する必要があるのかと、議員の評判はあまり芳しくなかったが。

なお、当初、GHQは、一般的関心及び目的を有する全ての法案について、hearing を行う仕組みにするよう指示してきたが、日本側からの働きかけにより、その対象は、予算及び歳入法案、さらに、予算及び重要な歳入法案と狭められ、最終的には、貴族院の修正により、総予算及び重要な歳入法案となった。国政調査の方は、国民に直接法的な影響を与えないことから、公聴会は開けない（現在では、憲法審査会、参議院の調査会は、ともに調査でも公聴会を開くことができる）。

公聴会開会の手続きについては、委員会で議長に対する公聴会開会承認要求を決議し、議院運営委員会の了承、議長の承認を得てから、官報に公示し、またNHKの放送を通じて公述人の募集をすることになっている。応募のための数日の期間（二日間程度）を置いて締め切り、そこから理事会で適当な公述人を選ぶという段取りになる。公述人は公募するのが原則であり、かつては新聞広告まで出して募集したことがあるが、なかなか期待どおりの人に来てもらえないのが現実であった。誰もが理路整然と自分の意見を言えるわけではないし、たとえしっかりした意見を持っていても、委員会の場で発言することは大変な緊張を強いられ、うまく説明とか答弁ができないのである。そこで、実際には、各党が推薦する意見陳述等に慣れた学者等に来てもらうことが多い。こちらの方が、推薦政党と公述人との間で一緒に議論をつくって行けるメリットもあって、大きな目で見ると国民の利益にかなうからである。

一方、証人喚問の方は、国政調査を主目的に設けられたものである（議案審査でも開くことはできる）。国政調査権は、GHQが我が国の憲法のあり方を検討する中で、その重要性を認識した上で、これを我が国に導入させるべく、マッカーサー草案の第五四条に明文化したものである。我が国側もそれを真摯に受け止めたがゆえに、現憲法の第六二条の国政調査権の規定に結実している。現在では、議案審査以外は概ね国政調査活動だが、当初はより狭義に考え、重大な事件の調査等が念頭にあったようで、だからこそ、そこに出席・発言してもらうときには、証人になってもらった方がいいと考えたのだろう。

だが、その国政調査を具体的にどう定めるかはなかなか難しく、証人喚問手続きの整備に手間取った。結局、国会法案審議の段階でも、第一〇六条に「各議院は、議案その他の審査又は国政に関する調査のため、証人の出頭を求めたときは、別に定めるところにより旅費及び日当を支給する」と定めることで精一杯だったのである。

しかし、実際、第一回国会において、隠退蔵物資特別委員会が証人喚問を行ったところ、証人らには特に宣誓も求めなければ、偽証等に対する罰則もなかったので、証人同士の発言の食い違いが激しく、これが宣誓を強制する議院証言法の制定へとつながっていくのである。

現在の証人喚問の手続きは、まず委員会で証人出頭要求の決議を行い、議長を経由して、当該者に出頭を求める（かつて不当財産取引調査特別委等では、議長を経由せず直接証人に出頭を求めることができた）。出頭した証人は、良心に従って真実を述べ何事も隠したり付け加えたりしないとの宣誓書を朗読し、それへの署名捺印をした上で、事実関係等を述べるとともに委員からの質疑に答えることになっている。

なお、当初は、公聴会の手続きが今以上に複雑で、新聞広告まで出して公述人を募集するくらいだったので、時間が切迫しているときには、証人喚問でもってこれに代えたこともあった。

ところで、我が国では、公述人が出席する公聴会と証人喚問とが別個に存在する。一方、アメリカ議会では、公聴会（public hearing）もしくは公開を前提としない聴聞会（hearing）に出席する議員外の者が証人（witness）となるわけで、我が国のように別個のものではない。読んで字のごとく、議員がwitnessから何かを聞く（hear）ステージであるから、議案審査のみならず、監視・監督（oversight）でも国政調査（investigation）でも可能である。

GHQは、別段、二つの別個の仕組みを作れとは指示してきたわけではないだろうから、別個のシステムとして構築したのは、我が国側の意思であろう。では、なぜ、我が国がそうしたのかは現在では明らかではないが、筆者が思うに、「証人」という言葉の響きが問題だったのではないだろうか。

もともと証人とは訴訟上のものであって、裁判において厳格な手続きの下で重大な事実を語る者であった。ところが、公聴会に来てもらう国民には、その意見・識見や経験等を聞かせてもらって、議案審査に反映させようというものである。それは、これまでの証人に求められる役割とはあまりに性格が違い、招致される国民の側も「証人」になると聞いただけで尻込みしてしまうのではないかと考えられたのではないだろうか。実際、国会法案審議のときまでは、真の利害関係者や学識経験者らをどう公聴会に招致するか、どういう名称にするかは決まっておらず、法の成立から四ヶ月後の新国会において成立する新衆議院規則及び参議院規則において、初めて公述人という言葉が採用されたのである。

11 イギリス議会の討論

これまで述べてきたとおり、我が国国会における議案審議の中心は質疑であり、討論は採決直前の各会派の意見表明といったものにすぎない。一方で、外国の議会では、討論やざっくばらんな議論が中心になっている。

さらに、討論も、われわれが考えるように、議案の賛否を明らかにして、その理由でもって相手方を説得するといった原則的な形で行われているところは、ほとんどない。注意しなければならないのは、議案についての討論ではないということである。最初から議案の賛否を決めて討論するのでは、その趣旨たる説得にそぐわないからである。

本章3の「三読会」のところでも述べたが、たとえば、イギリス議会では、法案の実質的な審議が行われる第二読会において、「第二読会が今や終了すべし」との動議が出され、これに対する討論として議案の審議が行われているのである。議案そのものの討論ではないので、採決もその動議への賛否を問うものとなっている。こうしたやり方のメリットとして、たとえば、議案の審議が尽くされていないとか、大臣の姿勢に問題があるといったことも、この第二読会終了を求める動議への反対理由となりうることがあろう。

第二の点は、討論の性格である。討論とは、実は建前とは違って、相手方を説得するといった生易しいものではなく、文字どおり議論を闘わせるものであり、一種の格闘技のようなもので、いかに相手の議論をつぶし、恥をかかせるかということを主目的とするものなのである。この点に関連して言うと、よく我が国の制度を念頭に、イギリスでは質問とりをするのかと聞く人がいるが、討論の目的は相手を叩くことにあり、事前に相手に手の内をさらすことはない。それに、質疑とは違うので、必ずしもその疑問に正面から答える必要はない。たとえば、その問題は本件にたいした影響を与えるものではないので、わざわざ調べる必要は認めないなどと答えることもできるのである。全くの質問である「クウェスチョン・タイム」においてでさえ、野党が相手方に手の内を明かさないのは衆知のとおりであろう。

こうした討論の格闘技性について、筆者がイギリスに滞在していた一九九一年の国民医療制度（NHS）に関する政府方針に対する討論を一例として挙げたい。この討論を始めるにあたってウォルドグレイブ厚生大臣が出した動議は、「下院は、保守党政権下でＮＨＳ予算が増額されたこと等を歓迎し、労働党の政策が破綻したことにお悔みを申し上げ、首相のＮＨＳ無料医療制度維持についての演説に賛意を示そう」というものであった（一〇月二一日）。

12　対案と一事不再議の原則

近年、「対案」という言葉が頻繁に使われる。野党が使うときには、これを国会に提出することを前提に、自分たちが政策立案能力を持つ、つまり、次の政権を担うことができる証左とし、与党が使う場合は、野党側が特定の政府提出議案（閣法）に対して実力行使を含めた強硬姿勢をとることを念頭に、実力行使ではなく対案を提示しての論戦を行うべきだと、野党側を牽制することを目的とすることが多い。

対案とは、事務的な見解だと、「同趣旨又は相関連するもので同一問題を含む、提出者の異なる複数の議案」（衆議院事務局、二二四、二二五頁）、「一つの議案が議決されれば、他の議案は同時に成立を図ることができないもの」とされる。ただ、一概に「同一内容」、「同一趣旨」、「同一問題」といっても、その定義づけは難しい。これは、一事不再議の原則と密接に関連する問題でもあり、後述する。

ところで、議案の修正の基本原則は、言うまでもなく、対案を提出することではなく、修正案をもって修正を求めることである。帝国議会でも、①議案審査にあたっては、議案一本ごとに審査特別委員会が設置されることが基本であり、たとえ同じ問題に関する議案であっても、別案の場合は、別の委員会で審査される可能性があったこと、②本章の8で既述したように、委員会審査が逐条審査を原則としていたのは、修正案がそれぞれの章なり節で提出・審査されることが予定されていたという二点からしても、対案を修正のメインの手段とする構造にはなっていなかったと言っていい。しかし、その一方で、併託という制度もあり、同一の問題をテーマとする議案は同一の委員会に付託することが想定されていた。特に、実務上の話だが、帝国議会もその後半には、同一の省庁を所管とする議案は一つの議案審査委員会に一緒に付託されるのが例となり、原案とその対案とを同一土俵で審査することは可能となっていた。

では、対案の歴史はどうなっているかだが、すでに第一回帝国議会には、末廣重恭と箕浦勝人からそれぞれ「新聞紙法案」が出され、続く第二回議会にも、同名の法案が、引き続き箕浦勝人外三名と元田肇から出されている。これらはいずれも新聞紙条例の改正案であり、第二回のときに、箕浦案が修正議決され、元田案は議決不要となっている。改正の意図が違っているが、同じ事項について別の提案をしていることもあり、かつこうした処理の仕方からすると、対案の萌芽が見られると言ってもいいかもしれない。なお、閣法に対する対案については、第三回議会において、政府提出「鉄道公債法案」に対し、佐藤里治君提出の「鉄道拡張法案」、植木志澄君外一名提出の「鉄道敷設法案」、河島醇君外一名提出の「鉄道拡張法案」の三本の衆法があって、衆法の趣旨を閣法に取り込んで、衆法は議決不要にしたという例があり（明治二五年六月二日）（『昭和一七年一二月改訂　衆議院先例彙纂　上巻』三五九頁）、これをその嚆矢とみなしてもいいと考える。

新国会になってからの対案の提出は、一九五二年（昭和二七年）の第一五回国会（特別会）からと思われる。前年にサンフランシスコ講和条約が結ばれ、それまで国会に提出される議案を実質的に検閲し、調整していたGHQが撤退したからである。第10章で後述するが、第一三回国会から、戦前と同様に、機関承認等が復活しており、こうした政党のガバナンスの強化の一環と考えていいだろう。

おそらく政府案に対する最初の対案が、同国会において八木一男君外九名から提出された「日雇労働者健康保険法案」であろう。八木議員は、第二五回衆議院議員総選挙で初当選し、第一五回国会が議員として初めて臨む国会であった。それ以前は組合や政党で活動していて、日雇労働者の医療問題に強い関心を持っていたのだろう、その健康保険制度をつくることに情熱を燃やし、これを国会議員としての最初の大きな仕事と定めていたと思われる。

法案作成中に、政府側も日雇労働者健康保険制度の創設を準備していることがわかり、一旦はその様子を見るつもりだったようだが、政府草案から保険給付国庫負担分が大幅に削られたこともあって、結局両社会党議員を提出者や賛成者にして提出することになった。

ところが、議案を提出し、いよいよ委員会に付託というその前日に閣法が採決されることになり、急遽それを撤回して全文修正案を委員会に提出したため、戦後初の対案は、単に提出、撤回というだけに終わってしまった。

なお、その閣法は結局参議院で審議未了となったため、次の第一六回国会では、閣法より先に提出し、翌日提出された閣法ともども厚生委員会での審査の対象となったが、閣法が先に議決され、八木議員らの法案は議決不要となった。

一方、お互い衆法同士の対案は、同じく第一五回国会における井上良二君外七名から出された「飼料需給安定法案」と小笠原八十美君外一二名から出された「飼料需給調整法案」で、これらは併合修正されている。

対案の多くは政府案の内容を批判する野党側の主張として出されることもあり、かつては、質疑の対象ともならず、閣法が議決されると、議決不要として放置されることが多かった。もしあえて否決すると、提出した会派に失礼になるとか、無用の刺激を与えることになりかねないなどと考えられたからである。しかし、近年では、提出者側が、閣法等と一緒に質疑に付され、採決までやってもらうことを求めるようになった。与党側が自分たちのすぐれた案を否決したということをアピールしたいがためである。

なお、議決不要としないためには、まず対案の方から諮り、これを否決してから賛成多数が見込まれる閣法等を諮るという順序になる。

対案で問題となるのは、一事不再議との関係である。

そもそも一事不再議とは、議院の議決が一度定まると、同一会期中には、すでに決定のあったと同一の問題について再び審議しないことを言う（鈴木、一九五三年、一五一頁）。一度議決したものを、再三審議していては際限がなく、また問題は常に確定しないし（議事運営の効率性）、同一の問題について絶えず異なった議決が行われていては、何が議院の意思であるかわからない（議決の安定性）からである。これは、あえて法規等に定めるまでもない会議運営上の条理なり常識的な原則でもある。なお、建前上は、その議決の内容が可決、修正、否決のいずれであっても構わないが、可決とか修正して、状況を法的に変化させた場合、事態が思わぬ方向に進むことも十分ありえ、時間を置かずこれに対処し、さらに変更を加えることがありうることは必ずしも問題（一事不再議に抵触）だとは言い切れない。だから、一旦議決のあった事柄が法律として制定された後には、同一会期内であっても、これをさらに改正・廃止すること（いわゆる「追っかけ改正」等）は、一事不再議の原則に抵触しないともされるのである（鈴木、一九五三年、一五八頁）。ただ、今野彧男は、一九〇三年（明治三六年）の第一九回議会で、河野廣中議長が、勅語奉答文に自分の思い（桂太郎内閣に対する批判）を独断で挿入して議院に諮り、従来のままの表現と思った議員らの賛成多数で可決された事件を引き、これが一事不再議の原則ゆえに再度諮られなかったとするが（今野、一九九六年、四四、四五頁）、筆者からすれば、これは効率性や意思の不安定性といったものを要因とする一事不再議とは違って、意思の錯誤の問題であって、その点からの評価があってしかるべきだと考える。

基本的には、否決という議決がなされた場合に、一事不再議の原則が問題になると思っている。たとえば、イギリスでも、同一会期中は、すでに否決された議案と同一の議案は提出できないとする（May, 2004, pp. 647-658）。また、フランスでも、元老院では、否決から三ヶ月以内、国民議会では、一年以内に、同一議案の提出は認められていない（元老院議事規則第二八条、国民議会議事規則第八四条）。

我が国でも、実際、明治憲法第三九条には、「両議院ノ一ニ於テ否決シタル法律案ハ同会期中ニ於テ再ヒ提出スルコトヲ得ス」との規定が置かれ、これを受けて、両院の規則には、他院の会議に付した議案と同一の事柄を議事日程に掲載することはできないと定められていた。

ところが、新国会になって、これを引き継ぐ条文は、憲法、国会法、両院規則のいずれにも存在しなくなった。鈴木隆夫によると、①常会の会期が一五〇日となり、その間に社会情勢の変化も予期され、一度否決された議案が再び提出される場合がありうること、②政府提出議案が参議院先議で否決されると、衆議院側でそれを熱望しても不成立になるにもかかわらず、これが先に衆議院に出されていれば成立できた可能性があり、そうしたものを救済するためだったと考えられている（衆議院優越制度の徹底）（鈴木、一九五三年、一五一、一五二頁）。しかし、だからといって、一事不再議の原則がなくなったわけではない。先述したように、これは会議運営上の条理・常識的な原則だからである。

問題としては、この原則を厳格に解釈すると、予期しない事態が生じたときに、何ら有効な手が打てなくなる一方で、逆にゆるく解釈し、事情変更を大きく認めることになると、ほとんど何でもできて、この原則が事実上無意味になるということである。具体的に、個々の場合を検討するしかないと思われる。

ところで、一事不再議の原則を考える場合に、しばしば議論の俎上に上ってくるのが、国会法第五六条の四の「各議院は、他の議院から送付又は提出された議案と同一の議案を審議することができない」という規定である。これは、一九五四年（昭和二九年）の第一九回国会において、汚職事件等への反省から、大臣等が私企業に関与することを制限することを目的に、衆参両院がそれぞれ議員提出議案を議決し、互いに相手方に提出しあったため、一事不再議の原則に抵触するとして、両案とも廃案になったことを踏まえ、他院から送られてきたものを優先的に扱おうという趣旨で、翌年の第五次国会法改正で設けられたものである。

しかし、これは厳格な意味での一事不再議の原則とは異なるもので、我が国のように先議・後議がある場合に、本来ならどちらかの議院が案を作って、もう一方の議院に送付して検討を求めれば済む話なのに、功を競って相手の動きも構わず議案を送り合ったために起こったことで、システム上ありえないことが起こったと考えるべきことである。

しかし、ここでいう「同一の議案」の概念が後に問題となった。一九六一年（昭和三六年）の第三八回国会に、「農業基本法案」という閣法と社会党の対案が出され、閣法が衆議院で議決され、参議院に送られた段階で、社会党は、その対案を撤回して参議院に改めて提出しようとしたときに、それが「同一の議案」にあたるかが問題になったのである。衆議院事務局は、それを広く解し、法に抵触するのではないかと考え、社会党も納得し、提出を断念した。しかし、そうなると、参議院では、基本的に対案が出せなくなるため、参議院事務局では、その概念を狭く解し、同一内容の議案に限るとし、対案はこれに含まないとしていたため、政府案が送付される前に提出されていた民社党の対案はそのまま維持された。佐藤吉弘は、こうした先例を受けて、「同一議案」とは、「同一事項につき、同一の内容」だとする（佐藤、一九九四年、四四－四六頁）。

その後、「同一議案」についての衆議院側の考え方は、若干拡大しており、たとえば、二〇〇四年（平成一六年）の第一五九回国会では、参議院先議の閣法が衆議院に送付された後、衆議院でも参議院に提出されたのと同内容の対案が提出され、一括審査された例がある。

13 採決

議案等について、個々の委員なり議員が賛否の意思を表明することを表決という。委員長なり議長が彼らに表決させることを採決という（鈴木、一九五三年、二〇九頁）。

まず、採決の種類だが、衆議院では、委員会段階だと起立採決を原則とするが（議院運営委員会だけは挙手採決をする）、本会議では、異議なし採決（正式には「異議の有無を諮る採決」）、起立採決、記名採決の三つの方法がある。記名採決とは、具体的には、個々の議員の名が書かれた白色の木札（白票といい、賛成を表す）、もしくは青く塗られた木札（青票といい、反対を表す）を、氏名点呼に応じて、議場演壇に設けられた投票箱に投じるものである。白票と言っても、実際には、木地そのものに、黒字で名前が書かれているだけのもので、これらを職員に手渡すことになる。記名採決は、憲法第五七条第三項の規定により、出席議員の五分の一以上の要求があれば、行わなければならないが、総予算については、先例により、記名投票によることになっている。

参議院では、委員会段階では挙手採決が基本であり、本会議では、異議なし採決、起立採決、記名採決以外に、押しボタン式投票がある。これは、一九九八年（平成一〇年）の第一四二回国会で、投票の迅速性とともに、議員個人の政治責任の明確化、国民の知る権利への寄与を目的に導入されたものである。その結果は、会議録のみならず、インターネットでも知ることができる。現在では、押しボタン式投票が原則であり、出席議員の五分の一以上の要求があった場合に、記名採決が行われることになっている。

帝国議会においては、本会議では、先に挙げた三つの方法以外に、反対の者の起立を求める反対採決、黒球（反対）、白球（賛成）を投じる無名投票、順に議員の名前を呼び、これに応じて議員が賛否を表明する点呼投票があった。点呼投票は、海外では、roll call と呼ばれ、イギリスでは、すでに一四世紀のリチャード二世の時代にはあったと言われている。この点呼投票は、一九二五年（大正一四年）の普通選挙導入時に、衆議院議員の定数が四六六に増やされたことで、実施することが物理的に難しくなったとして廃止された。

次に、採決の順序であるが、議案を採決する場合、それが原案だけなら、それについて賛成するか否かを諮ればいい。対案がある場合、会派間の協議によって、これを採決したり、議決不要とすることになるが、そうなるのは、原案を先に諮って、それが可決された場合である。

問題は、いくつかの会派から複数の修正案が提出される場合であり、こうした場合、どの修正案から諮るかが問題となる。会議体での原則として、構成員が提案してきたものは、できるだけそれを諮る機会を与えるということがある。これは、議会とても例外ではない。このため、第一の原則は、修正案を原案より先に諮るということである。修正案が否決されれば、次に原案が諮られ、修正案が可決されれば、次はその部分を除く原案が採決の対象となる。

第二の原則は、できるだけ多くの修正案を諮ってあげるということである。経験則上、原案に近いほど賛成が多いので、原案にもっとも遠いものから諮るのである。そうすれば、遠いものは次々に否決され、最終的に可決されるものだけが残るということになる。それが衆議院規則第一四五条、参議院規則第一三〇条の趣旨である。また、衆議院規則第一四四条、参議院規則第一二九条にいう議員提出の修正案を委員会修正案より先に諮るというのも、その趣旨である。これは、帝国議会でも同様であり、その旨規則に定められていた。また、法規にはないが、その趣旨に従うと、廃止案と改正案とが同時に出された場合は、廃止案から諮ることになる。もし、こうした配慮をしなければ、多くの修正案は議決不要となってしまう。

なお、かつては、いくつかの修正案の中に共通部分がある場合は、その部分を抜き出し、共通部分とそうでない部分とを分けて採決していた。ところが、こうした作業は、実際には大変難しく、現在では、趣旨が違うものとして別個に、つまり、修正案ごとに諮っている。

第三番に委員長や議長の諮り方である。委員会では、一括議題にした数本の議案も、必ず一本一本にして諮る。その際、手続き的なものを除けば、「ご異議ありませんか」と諮ることはない。衆議院であれば、起立を求めることになり、全員が立てば、起立総員となる。

ところが、本会議では、基本的に、一委員長が報告した議案については、それが複数ある場合、会派の態度が同じなら、一括りにして採決する。複数の議案を同時に本会議報告するというのは、たとえば、法務委員長が同日中に、まずA法案について質疑・討論・採決を行い、その後、B法案について、同じく質疑・討論・採決を行うといったことである。あるいは、次の本会議の開会までに日数があり、その間数回委員会を開いて、それぞれの日に議案を採決したといった場合である。こうした場合は、委員長は、趣旨が違う議案を複数同時に委員長報告することになる。議長は、事前に委員会報告書が出されていて、委員会における各会派の態度を承知しているので、便宜態度が同じものを一括して採決する。たとえば、A法案が、M党、N党、P党反対、B法案が、M党、N党反対なら別々に諮るが、どちらもM党、N党、P党反対なら、A法案、B法案を一括して採決するのである。

最後に、委員長なり議長の発言の仕方に言及したい。議長が、本会議において、「本案を委員長報告のとおり決するに賛成の諸君の起立を求めます」とか「本案に賛成の諸君の起立を求めます」（議題が委員長提出議案の場合）と発言し、過半数の人が起立した場合には、「起立多数。よって本案は（委員長報告のとおり）可決（あるいは修正議決）しました」と宣告するのは周知のことだろう。

ところが、委員会では、そうした発言はしない。委員長が「本案に賛成の諸君の起立を求めます」と発言し、委員の過半数が起立した場合には、委員長は、「よって、本案は可決すべきものと決しました」と宣告するのである。こうした宣告をするのは、委員会は真の議決機関である本会議の第一次審査機関と考えられており、自分たちが詳細に検討した結果、この法案は可決した方がいいと考えますということを本会議に推奨・報告することが、その職務だと考えるからである（鈴木、一九五三年、一二頁）。委員長の宣告をよりわかりやすい形に変えると、「よって、本案は、本会議において可決すべきものと推奨することに決しました」ということになるだろう。

帝国議会では、委員会は単なる本会議の予備的審査機関であり、本会議・委員会とも、「可決（修正議決）しました」としていたが、戦後の新しい国会においては、委員会審査こそが国会審議の中心でなければならず、そのためには、それが一義的に本会議の審議の内容を決するものにしなければならないという理念が強く主張されるようになり、その一環として委員長の宣告にも手が加えられたのである。

ただ、だからといって、国会になってすぐにそのように変更できたわけではなかった。この動きは、もとは参議院から始まっている。参議院は貴族院を継承していないので、運営面でも新機軸を打ち出そうとしており、その一環として、第一回国会から、さまざまな宣告の仕方が試みられた。「可決と決定」、「可決することに決定」、「可決するものと決定」等いろいろあったが、最終的には「可決すべきものと決定」へと収斂していったのである。

一方で、衆議院は帝国議会を引き継いでいたこともあり、突然宣告の仕方を変えることには困難が伴い、多くの委員会は、従来どおり「可決しました」のスタイルを維持し、せいぜい委員長の本会議報告の中で、「可決すべきものと決しました」と述べるくらいにとどまっていた（一九四七年〈昭和二二年〉の第一回国会での厚生委員会〈八月七日〉、本会議〈七月一二日〉）。

だが、参議院の動向や委員会が第一次審査機関になったことへの評価の定着から、第二二回国会からほぼ一斉に各委員会でそうした宣告がなされるようになった。

14　議長の決裁権

採決の結果、可否同数になった場合、どう決着をつけるかで、いくつかの方法が考えられる。一つは、可否同数の場合は否決、つまり、過半数で決するというものである。これは、遠くは古代ギリシャの民会や古代ローマの民会に見られたものである（桜井・本村、一九九七年、二五七頁）。無論、このときには、まだ会議の主宰者といった概念が成立する以前のことなので、決裁権（casting vote）が意識される余地はなかったと思われる。

もう一つは、会議主宰者が決するというものである。世界の議会を見ると、このいずれかを取っていると言っていい。

第一のカテゴリーに入る議会が、アメリカの下院、かつてのイギリス貴族院、そしてドイツやベルギーの議会である。この場合は、会議の主宰者たる議長にも表決権があり、議長分も含めての賛否同数になった場合は否決となる。

かつてのイギリス貴族院の議長に決裁権がなかったのは、議長にはロード・チャンセラー（大法官）という閣僚が就いていたこともあってのことだろう。しかも、それほど議長としての権限もなく、メンバーの一人といった色彩が強く、だからこそ討論にも加わることができたのである。

なお、第一のカテゴリーの亜流として、議長の表決権が実質的に行使できないにもかかわらず、決裁権もないという例がある。それが、現在のイギリス貴族院である。二〇〇六年からロード・チャンセラーではない議長が選出されるようになったが、議長は、表決権を否定されているわけではないにもかかわらず、採決の仕方が発声投票（賛否のどちらの声が大きいか）やディビジョン（賛否それぞれのロビーに行って投票）なので、実際に行使することが物理的に難しく、表決に参加することはないのである。しかし、それでいて、決裁権もないのである。

これと同じなのがフランス国民議会であり、革命時の議会規則には議長の表決権を否定する旨の規定が入っていたが、その後、これが削除されて一応は表決権があることになり、実際それを行使した議長もいたが、慣行としては表決に加わらないことになり、特に一九四九年以降はその例がない。それでいて、決裁権の方は規則で明確に否認されているのである。

ただ、フランスの場合、委員長の場合は逆で、表決権を行使する慣行となっていることである。決裁権は、議長の場合と同様認められていない。

一方、第二のカテゴリーは、我が国国会やアメリカの上院、イギリス庶民院等である。この場合は、議長の表決権を認めないので、いずれにしても、議長が二票を行使することはない。

イギリス庶民院で、議長が決裁権を行使する場合は、その理由を表明することが例である。このため、決裁権についての考え方は、イギリスで育ってきたと言っていい。一般的には、賛否が伯仲している場合、議長一人の判断で新たな状況を作ることは避けるべきで、話し合いを継続させる方向で決裁すべきだと考えられてきた。一八六〇年代に活躍したデニソン議長が、議長は後になって覆すことのできない結果をもたらすような決定をしてはならないとしたことから、この考えをデニソン議長の規範と呼ぶ。ただ、議案を三読会という手続きの中で審議する場合、手続きに関する動議の場合は、それを否決することが必ずしも先の規範に従うことになるわけでもないので、一般的に解されているように、常に消極に決裁すべきものでもない。

アメリカ上院では、副大統領が議長になることが定められており、上院議員ではないために表決権はないが、会議の主宰者としての決裁権は有している（なお、議会調査局によれば、下院議長も必ずしも下院議員である必要はない。とすれば、規則で議長の表決権を定めていることの整合性がとれないと思われる）。歴史的に、行使の回数は多く、その態様は一様ではない。

我が国では、明治憲法第四七条、そして、現行憲法の第五六条に定められている。実際の例としては、明治憲法下で四回、現行憲法下で二回の例がある。明治憲法下では、その四例とも衆議院の例であり、一八九一年（明治二四年）の第一回議会（一二月一七日）、一八九七年（明治三〇年）の第一〇回議会で二回（三月一五日及び同月二四日）、一九〇七年（明治四〇年）の第二三回議会（三月二七日）である。これらはいずれも消極的に解しているが、イギリスの先例を受けて、議長が積極的に何らかの意思を形成しないということで行われた決裁だと考えられる。

一方、現行憲法下での二例は、いずれも参議院の先例であり、一九七五年（昭和五〇年）の第七五回国会（七月四日）と二〇一一年（平成二三年）の第一七七回国会（三月三一日）にある。前者は、政治資金規正法改正案で、賛否がそれぞれ一一七票で、河野謙三議長は可と決した。これについては、先例に反するのではないかという疑念が出されたこともあったようである。しかし、この場合、野党は、より厳しい規制を求めてこの案に反対していたわけで、議長とすれば、自分が否と決すれば、現行法に戻るだけで、かえって改正しようという全体に共通する意思を削ぐことになると判断し、可としたものであった。また、この法案は、先に議決された公職選挙法案とも関連しており、これだけ否決するというわけにはいかないという判断もあったのではないかと思われる（河野議長は、参議院自民党で少数派だったが、三木武夫らの支持と野党の後押しで参議院議長になった経緯があり、三木首相が精魂傾けたこの法案の成立に協力して、以前受けた恩を返そうとしたとも言われている）。

後者の方は、いわゆる子ども手当のつなぎ法案である。これも、賛否がそれぞれ一二〇票で、西岡武夫議長が可と決したものである。子ども手当は一年限りの時限法で、これが否決されれば、児童手当に戻ってしまい、これを支給する実務を担う地方自治体の事務に大きな混乱をもたらすことを懸念したものであった。いずれの例も、十分に理解できる対応であったと言うことができる。

15 議事妨害

議事妨害にはさまざまな手法がある。一般的には、合法的手続きに則って、趣旨説明（弁明）や討論を延々とやったり、先決動議や決議案を連発したり、多量の修正案を出して、これらを処理させるといったことがある。それによって、相手方を疲労させたり、時間を消化させて、妥協を強いたり、場合によっては、次回は同じことができないと反省させようとするのである。

その一方で、物理的手段に訴えることもある。たとえば、乱闘に持ち込んだり、審議拒否したり、あるいは、本章の16で詳述するが、牛歩に訴えたりするのである。これらの物理的抵抗の主な目的は、前者のように時間を引き延ばして妥協を強いるといったことも視野に入っているが、あわよくば、上程されている法案の成立をつぶそうというものである。若干毛色が違うが、二〇〇三年に、テキサス州議会で、連邦下院議員選挙区改正案の採決をしようとしたところ、共和党に有利だったため、民主党が採決をボイコットし、隣のオクラホマ州に逃げ、定足数が足りず、採決ができなかったことがあると聞く。

アメリカでは、議事妨害をフィリバスター「filibustering」という。この言葉は、オランダ語の「vrijbuiter」が語源であり、もともとは一七世紀頃に西インド諸島周辺を荒らしまわっていた海賊を指す言葉であった。それが、一九世紀には、広くラテンアメリカのスペイン支配を剝がすべく暗躍したアメリカ雇いの傭兵団のようなものを指すようになり、さらに政治的な用語として使われるようになった。考え方としては、粛々と進むべき議事を混乱させるということで、必ずしも長時間演説だけを意味するものではなかったのだろうが、現在では長時間演説を指すことが多い。

ご本家のアメリカでは、テキサス州議会のことであるが、一九七七年に給与法案に関して、ビル・マイヤー上院議員が達成した四三時間が、これまでの史上最長である。国レベルでは、ストロム・サーモンド上院議員が一九五七年に市民権法案への反対討論で記録した二四時間が最長である。

フィリバスターについて、前田英昭によると、アメリカ上院では、一八〇六年から一九一七年まで討論時間は無制限だったのだが、一九一七年に時間制限を導入したのは、当時のウィルソン大統領が、ドイツの攻撃から商船を守るために武装させることを目的とする法案を出したところ、フィリバスターでつぶれてしまったからで、そのリベンジとして、出席議員の三分の二以上の賛成で討論を打ち切ることができるようにしたという（前田、一九九〇年、一九七、一九八頁）。大統領が学者のときには、上院で自由に討論できることを評価していただけに、皮肉な巡り合わせとなった。

下院では、規則委員会が議案ごとに決議によって議事進行規則を定めることになっており、そこで総討論時間等が決まるが、委員会での採決のため、多数派の意向が強く反映することになっている（廣瀬、二〇一四年、三七－三九頁）。しかも、本会議での一般討論時間は基本的には一人一時間（法案の修正については五分間）となっているので、長時間演説をすることは不可能に近い。

ただ、議長、多数党及び少数党の両院内総務に限り、一分間の発言時間を与えられた場合には、時間の管理はなされないという先例があり、ナンシー・ペロシ民主党院内総務が住宅ローン関連法案審議における討論で、一分間の発言時間が許されたにもかかわらず、約八時間に及ぶ発言をし、一〇〇年以上ぶりに下院における記録を更新した（二〇一八年二月七日）。

一方、上院では、予めの時間制限は全員一致で決めなければならず、かつ規則が一人の議員の持ち時間を定めていないことから、無制限で発言できることになっている。先に紹介したウィルソン大統領の時代に導入された討論打ち切りの手法とはクローチャー動議のことであり、現在では、在籍議員の五分の三以上の賛成があれば、その動議の成立後の総討論時間は三〇時間、一人一時間に制限されることになっている。

イギリスでは、長時間演説として記録されているものは、一八二八年に、ヘンリー・ブローガムが下院で六時間演説し、その三年後にも上院で記録した例があるが、必ずしも議事妨害というわけではなく、議事妨害として始めたのはアイルランド国民党が一八七〇年代からで、一八八一年には三日間四一時間も本会議が続いたことがある。近年では、一九八五年にイワン・ローレンス下院議員が水道水へのフッ素添加に反対して四時間二三分演説したのが最長だが、委員会レベルでは、ジョン・ゴールディング下院議員が同じく一九八五年に記録した一一時間一五分というのがある。

韓国では、二〇一六年に、テロ防止に関する法案の審議で、延べ三八人の議員が連続して発言し、その総計が一九二時間二五分に達したと聞く。その中で、李鍾杰議員の一二時間三一分の発言が韓国議会のこれまでの記録を破って最長に達したという。

我が国の議事妨害について、前田英昭は、物理的抵抗の最初のものは、一九〇六年（明治三九年）の第二二回議会において、貴族院から回付された鉄道国有化法案の議事ではないかと言う（三月二七日）（前田、一九九二年、五、六頁）。そして、組織的に行われた最初のものは、一九二九年（昭和四年）の第五六回議会における衆議院での床次竹二郎君提出衆議院議員選挙法改正案の審議だとする。与党側が野党つぶしのために中選挙区制を小選挙区制に変えようとしたもので、野党側が長時間質疑や動議の連発、記名投票の要求などで激しく抵抗して、結局つぶれてしまったという。

長時間演説の記録については、前田英昭は、奇しくもその衆議院議員選挙法改正案の審議のときで、民政党の武富済議員の質疑延期動議の趣旨弁明にはおよそ五時間半かかったという（一九二九年三月一二日）。委員会における長時間演説については、一九四七年（昭和二二年）の第九二回議会での衆議院議員選挙法改正案の議事において、鈴木義男議員が行った修正案の趣旨弁明（三月二五日）と討論（同月二六日）とを挙げ、後者の方が長いとするが、当時の時間に関する記録が散逸していて、その正確な時間は不明である上に、後者の討論については、そもそも行われたのか、それ自体が会議録上確認できない。なお、会議録の長さからして、その前々日（同月二三日）に同委員会で中村高一議員が行った岩本委員長不信任動議の趣旨弁明の方が鈴木義男議員の趣旨弁明より長いようにも思われる。

これらは、諸外国のものと比較すると、それほど長いものではない。また、今後、新たな記録が生まれる様子もない。この理由は、戦後の国会法制定の際に導入された議長の時間制限や質疑・討論打ち切り動議のためで、GHQの示唆で導入されている。また、これらの手法以外にも、発言時間制限動議によって縛ることもありうる。無論、それでも、それらに従わず発言を続けることはあるが、発言禁止の命令や退場、衛視の執行等があって限度がある。だからこそ、我が国では、議事妨害は牛歩といった採決の際の妨害に頼ってしまうのかもしれない。

筆者からすると、長時間演説は与党議員が多数出席して、それを苦痛に思うから効果があるわけで、アメリカやイギリスのように、ほとんど人がいないところでやるなら、それほど打撃となるものではなく、だからこそここまでやってくることができたのではないかと思う次第である。

16 牛歩

牛歩とは、誰が名づけたかわからないが、おそらく慣用句としての「牛歩遅々として進まない」という言葉から来たものだろう。一種の議事妨害で、記名採決の際、ゆっくり投票して、時間を多く消化し、場合によっては、時間切れに持ち込むとか、あるいは点呼の関係で自分たちより後に投票する与党側議員の投票を遅らせて、焦躁感を募らせ、思わぬ間違いを引き起こさせるために行うものである。

牛歩も最近は見なくなり、一九九二年（平成四年）の第一二三回国会における国連平和維持活動協力法案（いわゆるＰＫＯ法案）の採決をめぐって行われたのが衆議院での最後の例（二〇一八年二月現在）で、この採決の日の発言時間を制限する動議（一回目）の採決に要した時間は、衆議院史上最長で、五時間三分であった。ＰＫＯ法案を採決するにあたっては、議運委員長解任決議案、議長不信任決議案、内閣信任決議案が先決案件として出されており、これらの採決に加えて、議事手続きに関連した動議やＰＫＯ二法案の採決を合わせると、記名採決に要した時間は、総計二三時間五三分というとてつもない長さとなった。

一方、参議院でも、同じくＰＫＯ法案のときに記名採決時間の最長を記録した。それは、下條進一郎国際平和協力特別委員長問責決議案の採決で、一三時間六分もかかっている。このとき出された総理問責決議案とＰＫＯ二法案の採決時間をも合わせると二一時間四九分となり、衆議院に匹敵する長さであった。参議院では、その後も牛歩が行われ、直近では、二〇〇四年（平成一六年）の第一五九回国会における厚生労働委員長国井正幸君解任決議案の採決の際に行われた（なお、少数の議員がやることは現在もしばしば見られることである）。

PKO 法案の採決にあたり、衆院議長の不信任決議案で牛歩戦術をとる社会党議員ら（1992 年 6 月 13 日）

筆者が経験したのは、ＰＫＯ法案以前の最長記録であった一九八七年（昭和六二年）四月の一一二回国会の総予算の採決である。これは、中曽根康弘内閣が売上税の導入を目論んで、その関係の法案を国会に出したことから、そのあおりを予算審議が食ったというものである。前田英昭によれば、野党側では、国対から、すり足で一分間に一メートル、前の人との間隔は七メートルという指示が出ていたそうである（前田、一九九〇年、二七七頁）。筆者がよく覚えているのは、一旦投票箱を閉めて議場を開けたため、投票できなかった野党側からの猛抗議があり、与野党の交渉係が協議して投票を続行することになったのだが、一旦議場を開けてしまうと、本来投票できなかった人が入ったり、あるいは順番待ちしていた人がトイレなどで中座して戻れなかったりし、採決の前提となる基礎数が変わってしまうことになる。結局、これは無効となった。

ところで、こうした長時間の本会議に関してよく聞かれるのは、トイレはどうするのかということである。議員は投票を済ませれば、議長に断って議長席背後のドアから出ていくことができ、事務局の平職員も議場雛壇の両脇のドアから出ていくことはできるが、議長に所管大臣、そして事務局幹部だけは出て行けず、ずっと我慢しなければならない。それゆえ、かつては尿を吸収する簡易トイレが備え付けられていたのである。ただ、実際に使った例はなかったようで、現在は置いていない。

ところで、牛歩の歴史について、前田英昭は、帝国議会にその起源があるとする（前田、一九九二年、八頁）。その萌芽ともいうべきものが、本章の15で述べた一九二九年（昭和四年）の第五六回議会での床次竹二郎君提出の衆議院議員選挙法改正案についての議事で、議事日程変更動議、工藤鐵男君懲罰動議、藤井達也君懲罰動議の採決のいずれもが、点呼を受けて野党議員は一人ずつゆっくり投票に出て行ったようである（三月九日）。美濃部達吉博士は、『法学協会雑誌』（一九二九年六月号）所収の「議会に於ける議事進行妨害」の中で、そうした投票の様子を牛に例えている。もしかしたら、ここから「牛歩」という言葉に発展していったのかもしれない。その後、一九四九年（昭和二四年）五月二五日の朝日新聞には、参議院での野党側のゆっくりした投票が「牛歩戦術」と名指しされていることから、その時点では一部で認知された言葉になっていたと思われる。

現在のような形で「牛歩」が確立したのは、一九四六年（昭和二一年）の第九〇回議会における樋員詮三議長不信任決議案の討論打ち切り動議についての記名採決のときである（八月二一日）。与党側が、早く決議案を否決すべく、打ち切り動議を提出したのだが、社会党や共産党の抵抗にあい、夜遅く記名投票に入ったこともあって、終了にいたらず、日付が変わる直前に議事を主宰していた副議長が投票の無効を宣言する羽目になったのである。

その後、新国会になっては、野党自由党の大野伴睦幹事長の提唱で、いわゆる炭鉱の国家管理の法案の採決の前後に行われている（一九四七年一一月二〇日）。より詳しく説明すると、参議院から回付された（つまり修正された）職業安定法案の緊急上程を求める動議についての採決で、まず一発目が行われた。自由党がゆっくり動いていたことに対し、社会党議員がそれを追い越したため、混乱し、本会議が中断。その後、やり直すも、再度牛歩。それから、職安法自体も牛歩となった。二日後の石炭国家管理法の際も、中間報告を求める動議に対する記名投票で牛歩が行われたのである。

これに対する反省からか、第三回国会において、全会一致でもって衆議院規則の改正が行われ、議長が時間を制限したときはその時間内に投票しない者を棄権とみなすことができることを内容とする一五五条の二の規定が設けられた。これは参議院規則にはない。

ところで、牛歩とは、ほとんどじっとしていて、時間をかけて少し進むと考えているようだが、これは正しい理解ではない。牛の歩みとはそのスピードを言っているのであって、その態様を言っているわけではない。自分は投票する意思はあり、実際歩んではいるが、なかなか進まないという状況でなければならないのである。混雑して収拾がつかないといった物理的な障害がある場合でない限り止まってはならない。

一九九七年（平成九年）に参議院が電子投票を導入したが、一部では、こうした牛歩を防止することも目的の一つだと言われたことがある。衆議院でも、同時期、導入の是非について議論されたことがあるが、議論が煮詰まらないまま、立ち消えとなった。当時筆者は伊藤宗一郎議長の事務秘書をしていたが、伊藤議長も押しボタン式には全く消極的であった。

17　中間報告

国会審議の中心は委員会での審査であり、そこでの審査の内容を参考にして議員は投票するわけで、付託された委員会は、最後まで真摯に審査し、その審査の経過及び結果を本会議に報告する責務がある。このことは、帝国議会においても同じであった。

中間報告とは、委員会がまだその付託案件の審査を終えないうちに、その審査の途中経過等を報告することであり、この例外的な制度だと言っていい。これは、新国会になって導入された制度である。GHQは、委員会審査を名実とも審議の中心に据えるよう要求したが、その反面、委員会によっては、審査が遅々として進まない場合もありうるとして、委員会の承諾や二〇人以上の議員の賛成をもって付託を取り上げ、直接本会議で審議できるシステムを作ることも求めた。これを付託解除（discharge）と言う（西沢述、一九五九年、一八頁）。

ところが、我が国では、dischargeといった言葉になじみがなく、当初は、委員会で本会議に上げる必要がないと決めた議案（廃案）を、議員二〇人以上の賛成でもって本会議で議論に付すことだと考えたようである（西沢述、一九五九年、三八頁）。つまり、握り潰しの防止だと思ったのである。その後、遅々として進まない場合等の付託の解除だと理解されるようになったが、いきなり解除するのも乱暴だと考え、一旦中間的な報告を求め、そこで緊急を要すると認めたときに審査に期限を付すことができることとした。これが当初の両院の規則に定められた規定であった。しかし、重要な規定だということで、第二回国会での第二次国会法改正の際に、国会法の方に取り込まれ、単に期限を付すのみならず、本会議で審議できるように改められ、これが第五六条の三となった。

これまでの衆議院での例を見ると、第一回国会では、炭鉱国家管理法案について、中間報告を求め、審査に期限を付したことがある。それ以降は、報告後直ちにもしくは次回の本会議で審議している。中間報告を求める理由としては、委員会が混乱して審査が進まなかったり、個々人の思想や信条に関わるものとして、あえて委員会では結論を出さなかったといったことがある（第一四〇回国会臓器移植法案、第一七一回国会臓器移植法改正案）。なお、参議院では、所管の委員会の委員長が野党で、審査に協力的ではないとみなして、中間報告を求めたこともある（第一四七回国会での公職選挙法改正案）。

18　党首討論

党首討論とは、国会開会中の水曜日の午後三時から四五分間、一定の要件を満たした野党の党首と首相とが何の議事的制約もなく国政全般にわたって討議するシステムのことである。今でも記憶に新しいのが、二〇一二年（平成二四年）一一月一四日の党首討論で、ときの首相の野田佳彦と自民党総裁安倍晋三とのやりとりの中で、実質的に衆議院議員総選挙の日程が決まったことであろう。

党首討論は比較的新しい試みである。一九九九年（平成一一年）の第一四六回国会で予算委員会において試行的に行われ、次の第一四七回常会から正式に実施されたものである。これが設けられた経緯は、その前年の一九九八年の自民党・自由党連立政権樹立にあたって、政府委員等を廃止して国会審議を議員同士の討議に変えていくことが合意されたことである。これを受けて、衆議院議員団がイギリスに実情を調査に行ったのだが、そこで、プライムミニスター・クウェスチョン・タイム（いわゆるPQ）を目の当たりにして、我が国にも導入しようということになったのである。

もっとも議員間討議は、日本の質疑中心の議事手続きにネガティブな評価を下していた学者らから早くに提案されており、これが一九九二年（平成四年）のいわゆる民間臨調の「国会改革に関する緊急提言」にも盛り込まれ、一部の議員の中にこれに強く共鳴する空気があったことが背景にあったことは間違いない。

議事手続き的には、衆参それぞれに設けられた国家基本政策委員会が合同審査会の形で行うものである。常任委員会の一つと言いながら、そこには他の委員会にない特徴があり、たとえば、発言者は首相と一定の要件を満たした野党の党首に限られる。一定の要件とは、衆議院もしくは参議院で所属議員一〇名以上を有する野党であること、直接対面方式で討議すること、閣僚は陪席すること、委員会の委員に発言権はなく、討議を聞くだけであること、討議の時間は全体で四五分（かつては四〇分）であり、これを所属議員数で按分することなどである。時間を四〇分としたのは、イギリスの三〇分を参考としたもので、我が国では、中小政党が多かったこと等を配慮したものであった。なお、首相が本会議や予算委員会、重要広範議案審査のための委員会に出席する週には開会しないこととした。

ただ、党首討論の開会回数は少なく、このシステムは存続の岐路に立っていると言ってもいいかもしれない。実際、第二一二回国会（二〇二二年〈令和四年〉）には、日本維新の会や国民民主党などが、国家基本政策委員会の廃止を規定した国会法改正案を共同提出したほどである。筆者は、個人的には、議題と関係なく何でも言い合えるものとして積極的に評価しているのだが、当事者の議員からすると、いくつかの大きな問題を抱えているのである。

第一に、討議に参加できる会派が限られていることがある。これは、単に衆参どちらかで一〇名以上の所属議員数を抱えるという条件を満たすことが難しいというだけではなく、たとえば、かつてみんなの党は参議院で一〇名以上の所属議員数をかかえ、参議院側の委員はいたが、衆議院には割り当てがなく、党首が衆議院議員であったため、参加ができなかったということがある。ただ、当時の野党の自民党から一時的に委員を譲ってもらい、党首討論に参加したことがある。

また、共産党は、衆議院に委員の割り当てがあったが、どちらの院でも所属議員数が一〇名に達せず、実質意味がないとして、委員ポストを他の党との間で交換した後に、参議院議員通常選挙の結果、所属参議院議員数が一〇名を超えたが、党首討論に参加できないということがあった。

第二に、中小政党には割り当て時間が短すぎることがある。首相の発言時間も含めて全体で四五分では、せいぜい一、二分の割り当てとなり、質問さえできないほどである。何回か分をまとめることもできるが、それでも、質問するのに精一杯という状況である。

第三は、このように自由に発言して丁々発止の言葉のラリーを交わすというのは案外難しく、若いうちから教育していないと、人に聞かせるだけの討議にならないということである。かみ合わず、どうしても一方的に自分の意見を言い合うだけになってしまうことが多い。

第四がもっとも重要なことだが、結局、あまりメリットがないということである。実は、本家のイギリスにおいても、これがそれほど国政調査等に寄与しているとは思われていない。もし国政調査の重要な一手段として認識されているなら、質問事項をしっかり事前に通告しておかねば、実りのある質疑・応答にはならないはずだが、基本的には、第一問しか通告されない。ましてや、PQの場合は、その第一問も首相の日程等にすぎない。つまり、よく言えば、単に政治家の資質を上げたり、国民の政治に対する関心を上げるものくらいにしか認識されていないし、もっと実態に即して言えば、権力闘争の一環であって、首相に不意打ちの質問をぶつけることで、その資質を問おうというものであって、与党側のメリットがほとんどないのである。とすれば、我が国の短い会期の中で、予算や閣法の審議をできるだけ進めたい与党側からすれば、党首討論は後回しにしたいということになろう。

一方で、野党側もそれほどメリットを見出せないでいる。実は、イギリスでは、直接首相と議論する機会は緊急質問やクウェスチョン・タイムくらいしかない。委員会での質疑も全くないのである。だからこそ、このクウェスチョン・タイムが大事なのだが、我が国では、政府演説に対する質疑、予算審査での基本的質疑や集中審議、締め括り総括質疑、重要広範議案審査での基本的質疑等とふんだんにあり、中小野党もそれなりの時間が配分され、一問一答方式で首相に質疑できる機会があるのである。だから、どっちを取るかと言われれば、そうしたものを選ぶわけで、こうしたメリットの少なさこそが、党首討論の回数を少なくしている主因だと考えられる。

19 イギリスのクウェスチョン・タイム

イギリス議会での記録上最古のクウェスチョンは、一七二一年に、貴族院において、コウパー伯爵が時の内閣総理大臣とも言うべきサンダーランド伯爵に、南海バブル事件の責任者の国外逃亡等について尋ねたことだとされている。その後、一八三三年にはクウェスチョンの事前通告制度が始まり、一八六九年には議事日程に独立した議事として掲載されるようになった。クウェスチョンは、ときの政府を追及するための格好の武器として多用されるようになり、一九世紀後半には、一種の議事妨害の手段としても使われるようになった。このため、一九〇一年には、クウェスチョンの時間を制限することが決まり、翌年から午後二時一五分から五五分までの四〇分に制限された。そして、〇九年からは、一議員一日八回までとし、さらに現在では、一議員一〇議会日につき最大八問、一日のうちだと最大二問に制限されている。

ところで、我が国の党首討論のモデルとなったPQだが、これは議会開会中の水曜日の午後三時から三〇分間行われている。一九九七年のトニー・ブレア首相のときに決まったやり方で、それ以前は、火曜日と木曜日の午後三時一五分から一五分間行われていた。

PQが始まったのは一九六一年であり、労働党党首のヒュー・ガイツケルがハロルド・マクミラン首相に対して行ったのが初例である。形式上、それ以前から首相に対して質問を行うことはでき、二週間に一回、その通告が動議通告簿（order paper）に載っていたが、優先順位が低く、一九六〇年までは四五番目の質問とされていた（一九〇四年までは五一番目）（Biffen, 1989, p. 45）。実質的に実行されない状況に置かれたのは、たとえば一九世紀末には、高齢のグラッドストーン首相への配慮といったものがあったが、そもそも首相が直接答えなければならない問題がほとんどなかったという点が大きいと思われる。議会における質問は、当然のことながら政府に責任があることでなければならないが、一般的には、直接所管する大臣がおり、質問にはその大臣が答えるのが筋であった。質問をするには、事前にその内容を通告せねばならず、かつてはそれを見て所管大臣に回されたのである。

それゆえ、PQは、きわめて特徴のある形で行われる。これが始まった当初は、他の閣内大臣が行ったスピーチは政府を代表しているかと聞くことが多かった。それがしだいに、首相の日程や国内外への出張等を第一問として聞くようになった。つまり、他の大臣に回されぬよう首相の専権事項を対象としたのである。これによって、第二問以下の更問（補充・関連質問）の内容を通告しないで済むとともに、その更問の範囲をほぼ無限に広げることができたのである。

ところで、今述べたように、日本と違い、首相に対する質問者は野党党首に限られない。基本は、約二週間前に通告し、抽選で選ばれた者だけが質問できる。そして、首相の答弁に対し、その質問者、野党第一党党首、野党第二党党首、そして議長がその場で指名した者だけが補充なり関連質問を行うことができる。特に、野党第一党党首は六問、野党第二党党首は二問まで認められている。

クウェスチョン・タイムの意義は、もともとは国政調査だったと言っていいが、一九四〇年代には、省庁別のクウェスチョンも始まり、より行政監視が強化されることになった。しかし、わずかな時間で十分追及できるかというと、これは難しく、一九七九年に別途省庁別特別委員会が設けられたのは、そうした問題点が認識されていたからであろう。無論、この特別委員会とても、人的な制約、時間的制約、予算的制約、そして監視手段の制約等からそれほど効果を上げているとは思えないが。

では、PQの実際の効用は何かと言うと、本章の18で述べたように、「質問者と答弁者との咄嗟の判断力やうまい受け答えの技術を磨くこと」ということになろう（向大野、二〇〇五年、八二一頁）。

「全大臣出席」の慣習

予算審査等の基本的質疑の際の全大臣出席の慣習について、答弁要求がない大臣の出席は無駄だとする主張がときに聞かれるが、私の近辺では、違和感を覚えるという人が多い。では、発言の機会がないからといって、東日本大震災慰霊祭や戦没者慰霊祭に出席することが時間の無駄と言うのかとか、民間企業の役員会も全役員出席だが、時間の無駄なのかなどと反論が沸騰し、かえって、私が宥め役を仰せつかる羽目になる。

私は、内情を理解する者として、まず建前論を言うと、少なくとも国会に関わることを「無駄」などと言うべきではないと考える。その上で、たしかに、所管省庁の仕事をこなしたいというのがわからないわけではないが、基本的質疑の場にいることが、本当に時間の無駄なのかと疑問を呈したい。

たとえば、将来首相をめざすなら、現首相がどういう受け答えをしているか、それが野党議員や国民にどういう反応を引き起こしているかを肌身をもって知ることができるのは、すごく大事なことではないだろうか。それから、常日頃、あまり接することのない他省庁の仕事や懸案を知ることができるのも大きい。

その一方で、各省庁での仕事だが、一般的に言うと、官僚たちは、大臣には中枢的なことに関わってほしくないという気持ちがあるようである。というのも、彼らは、中立的に業務を継続したいと思っており、時の大臣の個人的考えで変更されることを望まないのである。政策については、ひたすら自分たちの応援団であってほしいということだけなのだ。だから、大臣に求めるのは、決裁、接客、式典等への出席、会議等での挨拶、視察などのシンボリックなことで、後は国会で答弁してくれればと思っている。

こうした省の仕事と比較すると、一概に基本的質疑等への出席が無意味だとは言えないのではないだろうか。

ただ、先の主張に関して、本音のところでは、わからないわけではない。予算の基本的質疑は通例三日間、一日あたり七時間になる。これが衆参と二回ある。この間、じっとしているのも、たしかに大変なのである。では、どうするか。全大臣出席の場合は、答弁要求大臣数も制限されないので、与野党の委員が各大臣にさまざまなことを質疑するのも、国民にとっては有益なのではないだろうか。

第9章

内閣との関係

1　内閣総理大臣の指名の議事

内閣総理大臣の指名の議事は、憲法第六七条の「内閣総理大臣は、国会議員の中から国会の議決で、これを指名する」との規定に基づいて行われるもので、二〇二一年（令和三年）一一月の第二〇六回国会のものが五六回目の指名であった。

この議事は記名投票で行われる。予め各議員の議席に配布された投票用紙に、投票者の氏名と被指名者の氏名を記載（参議院の場合は、投票用紙に予め投票者の氏名が記されている）し、演壇の投票箱に投じる。投票の過半数を得た者が指名される者となり、指名の議決があったものとされる。投票の過半数を得た者がいないときには、決選投票が行われ、多数を得た者が指名される者となり、指名の議決があったものとされる。なお、衆議院規則第一八条、参議院規則第二〇条にあるように、投票ではなく、動議その他の方法で指名することもできるが、これまでにその例はない。

衆参で被指名者が異なり、両院協議会を開いても一致しない場合、あるいは衆議院の議決後、国会の休会の期間を除いて一〇日以内に参議院が指名の議決を行わない場合は、憲法第六七条第二項により、衆議院の議決が国会の議決となる。両院の議決が一致しなかったのは、二〇〇八年（平成二〇年）の第一七〇回国会までに五例ある。

ところで、先に述べたように、五六回も行われると、その風景にも見慣れて何の違和感もないが、実は、国会当初、この憲法の条文が物議をかもしたことがある。それはアメリカから入った概念である「指名の議決」をめぐってのことであった。

アメリカ上院では、高級公務員任命に対する助言と承認は議決によって行われており、このやり方がマッカーサー草案に取り込まれ、内閣総理大臣の指名の際にも使われることになったが、実は、我が国帝国議会では、この「指名の議決」といったものをやったことがなかったのである。このため、実務としては、憲法の文言を大事にして、国会議員の中から選挙の方法で「指名される者」を選び、この者についてさらに指名の議決をすることとした。

だが、これが一九四八年（昭和二三年）の第二回国会において重大な問題を引き起こしてしまったのである。参議院での首相指名選挙で、一回目の投票で、吉田茂一〇一、芦田均九九、その他一八となり、いずれも一一〇の過半数に達しなかったため、決選投票が行われた。その結果、吉田茂一〇四、芦田均一〇二となり、その他は棄権となった。そこで、議長は、「吉田茂君が内閣総理大臣に指名されることと定まりました」と宣告し、続いて、重ねて過半数の賛成を要しますと宣告して、起立採決を行ったところ、異議が出て、記名採決の結果、賛成一〇五、反対一一三となったのである。つまり、指名の議決においては、芦田に投票した分と棄権票の多くが反対に回り、否決されてしまったのである。結局、議院運営委員会の協議により、後段の議事はなかったものとして、吉田茂が内閣総理大臣に指名された（二月二一日）。

その後、こうした問題が生じないよう、一九五五年（昭和三〇年）の第二二回国会で両院の議院規則が改正され、先述のように、選挙で選ばれた者を指名された者とすることになったのである（衆議院規則第一八条、参議院規則第二〇条）。なお、衆議院規則の方は、さらにその趣旨を明確にすべく、「指名された者は、指名の議決があったものとする」とも規定した。一方で、参議院側がこうした規定を設けなかったのは、議決と選挙という二段階の手続きが法的に規定されているとしても、憲法は国の基本法として事の大綱を定めたもので、そこでいう「議決」とは議事手続き的なことをいうのではなく、国会の意思で指名するという実体を定めたものと解釈したからである（佐藤、一九九四年、二八、二九頁）。

ところで、万一憲法改正でも行われるときに、この部分は、選挙に一本化してすっきりさせればいいかというと、そう単純なものでもない。両院で選挙結果が異なった場合に歩み寄りができないと思われるからである。まさかその結果を変えろとかやり直せということもできまい。つまり、議決だからこそ、両院の意思が異なった場合に調整できるのであり、やはりこの文言はどういう形であれ活かしていかなければならないのではないかと考える次第である。

2　内閣信任・不信任決議等

憲法第六九条には、「内閣は、衆議院で不信任の決議案を可決し、又は信任の決議案を否決したときは、十日以内に衆議院が解散されない限り、総辞職をしなければならない」と定められている。これまで提出された不信任決議案の多くが否決されているが、可決されたものは、一九四八年（昭和二三年）の第四回国会の吉田茂内閣不信任決議案、同じく一九五三年（昭和二八年）の第一五回の吉田茂内閣不信任決議案、一九八〇年（昭和五五年）の第九一回の大平正芳内閣不信任決議案、一九九三年（平成五年）の第一二六回の宮澤喜一内閣不信任決議案であり、これらの場合は、いずれも衆議院が解散されている。

内閣不信任決議案で、野党の大きい会派提出のものと小さい会派提出のものとが併存したことがあるが、この場合、大きい会派が提出したものを諮り、他のものは審議不要等になっている。なお、同一会派が同一会期中に二度出したことはない。

ところで、これは内閣不信任決議案に限ることではないが、この決議案が提出されると、衆議院、最近では参議院においても、特殊な場合を除いて全ての審議が止まるのが例である（国務大臣の場合は、その所管の委員会の審議が止まる）。この理由は、その不信任決議案の対象たる内閣閣員の答弁等に信頼が置けないので、審議に参加しないということだと思われるが、後付けの理由という色彩が強い。と言うのも、先ほど言及した国会初期の第四回国会の吉田内閣不信任決議案のときには、提出から議決まで約一〇日を要し、その間内閣提出議案の審議も滞りなく行われ、吉田首相自身も国会に出席して答弁していたからである。このときは、決議案の可決とその結果としての衆議院の解散が予想されていて、それまでに懸案を片付けておこうといった意図が与野党にあったのかもしれない。

実際には、一九五六年（昭和三一年）の第二四回国会での鳩山一郎首相引退勧告決議案が出されたときに、社会党が代議士会で、翌日以降の議案審議等への出席の見送りを決めてから、この対応が政治的な慣例となり、特殊な場合を除いては踏襲されてきたと言っていいだろう。

次に、信任決議案であるが、これが最初に出されたのは、同じく第二四回国会での鳩山内閣に対するものであり、このときはすぐに撤回されている。その後のものとしては、一九九二年（平成四年）の第一二三回の宮澤喜一内閣信任決議案と二〇〇八年（平成二〇年）の第一六九回の福田康夫内閣信任決議案があり、いずれも可決されている。前者の場合は、参議院で修正議決されて衆議院に送付されてきたいわゆるＰＫＯ法案の審議にあたって、野党側が委員長解任決議案や大臣不信任決議案等を提出した上に、牛歩までやって抵抗したため、それ以上の引き延ばしを防ぐため、与党側が出してきたものである。この引き延ばし防止とは、いくつかの国務大臣不信任決議案及び内閣不信任決議案の提出を念頭に置いたもので、それらの審議やさらなる提出を抑えるために、内閣信任決議案を出したのである。信任決議案は不信任決議案に対して先議性があり、かつ内閣信任・不信任決議案は他の大臣信任・不信任決議案をも包含し、これが可決されたら、他の大臣の信任・不信任決議案は審議不要になるという二つの性格を持っているからである。信任決議案の先議性は、現状を否定するものよりも現状を肯定するものを先に諮るという帝国議会以来の先例ゆえである（『平成二九年版　衆議院先例集』四〇六頁）。

話は戻って、福田康夫内閣信任決議案の方は、参議院で首相に対する問責決議案が可決されたため、これに対抗すべく翌日衆議院で可決されたものである。

信任・不信任決議案の否決・可決が法的効果を有するのはこれまで述べてきたとおりであるが、それ以外にも、先述したように、首相引退勧告決議案や首相個人に対する不信任決議案、問責決議案等が出されたことがある。しかし、これらは、当然のことながら法的効果はなく、可決されたこともない。こうした種類の決議案の沿革は帝国議会に求められる。たとえば、内閣の進退に関わる決議案（あるいは上奏案や緊急動議）として、不信任、弾劾、信任欠乏、閣員の責任、処決等に関するものが出されているのである。中には可決されたものもあったが、それらは政治的責任を問うものであった。

次に、国務大臣に対する不信任決議案である。これが出されたことは少なくないが、可決されたのは、一九五二年（昭和二七年）の第一五回国会での池田勇人通商産業大臣に対するもの一件だけである。基本的には、大臣の政治的責任を問うもので、特に何らかの行動をとることを強制するものではないが、池田大臣は、国会審議への影響等を考えて、翌日辞任している。これは、次に述べる参議院の問責決議案にも言えることだが、法的効果はなく政治的効果だけだと言っても、対象の大臣を信任しないと議決したら、実際には、国会での活動、つまり、報告や答弁、極端に言えば、本会議や委員会への出席さえ認められないということになるのである。とすれば、政府の活動に大きな支障が生じるわけで、事実上強制的な効果があると考えなければならない。

一方、参議院においては、問責決議案が出されるのが例である。問責決議案の対象は個別の大臣である。この決議案提出の根拠としては憲法第六六条が挙げられよう。同条は、「内閣は、行政権の行使について、国会に対し連帯して責任を負う」と規定しており、ここから、参議院も、内閣の閣員に対して責任を追及できると考えられているのである。ただ、もともと参議院の性格から、政争とみなされるような行動は遠慮されていた、あるいは慎重に考えられていたようで、たとえば、初めて出された一九五四年（昭和二九年）の第一九回国会における「法務大臣の検事総長に対する指揮権発動に関し内閣に警告するの決議案」は、過ちを改め、善後措置を取れというのが結論であり、大臣の責任を追及するにはずっと控え目な印象を与えるものであった。

しかし、いわゆる五五年体制の成立の頃から性格が変わり始め、最初は戒告決議案、続いて問責決議案という形で、直截に大臣の責任を追及するようになった。無論、当初は、反省を促すといった程度のものであったが、いわゆる衆参のねじれが生じてからは、より激しい口調で詰問し、責任の取り方にも辞職といった最高度のものを要求するようになった。先に述べたように、一旦可決されると、政府側は国会での活動に大きな制約が課されることになり、事実上強い政治的効果を持つものになったと言っていいだろう。

この種の問責決議案（首相を除く）でこれまで可決されたものは、一九九八年（平成一〇年）の第一四三回国会での額賀福志郎防衛庁長官に対するもの、二〇一〇年（平成二二年）の第一七六回での仙谷由人内閣官房長官に対するものと馬淵澄夫国土交通大臣に対するもの、二〇一一年（平成二三年）の第一七九回での一川保夫防衛大臣に対するものと山岡賢次国家公安委員長に対するもの、二〇一二年（平成二四年）の第一八〇回での田中直紀防衛大臣に対するものと前田武志国土交通大臣に対するものがある。政府側からすれば、当然決議の効果を認めるわけにはいかなかったため、対象の大臣は、時間を置いて辞任したり、内閣改造等のタイミングで退任したりしている。

首相個人に対する問責決議案で可決されたものは、二〇〇八年（平成二〇年）の第一六九回国会での福田康夫首相問責決議案、翌二〇〇九年（平成二一年）の第一七一回での麻生太郎首相問責決議案、二〇一二年（平成二四年）の第一八〇回での野田佳彦首相問責決議案、翌二〇一三年（平成二五年）の第一八三回での安倍晋三首相問責決議案がある。福田首相は、かなりの時間が経過した後に内閣総辞職、麻生首相と野田首相は、衆議院の解散に打って出たが、敗北して政権交代を招き、内閣総辞職、安倍首相だけは、その後の参議院議員通常選挙で勝利し、政権を維持した。

3　衆議院の解散

衆議院の解散とは、衆議院議員がそのときをもって議員たる身分を失うことである。

本来、議会（下院）の解散は必要なく、任期中務めることが至当であろう。しかし、①権力分立の観点から、立法府（下院）と行政府との権力均衡を保ち、強大になりすぎる立法府（下院）に対し、行政府が行き過ぎを是正する、②立法府（下院）と行政府との意見の対立に際して、最終的に国民の判断を仰ぐという二つの理由でもって解散が存在するというのが通説である（清宮、一九七一年、二二六、二二七頁）。その淵源たるイギリスにおいても、かつては統治者たる国王（あるいは首相）と国民の代表たる議会との間で意見が対立し、にっちもさっちも行かなくなったとき、これを打開するために解散が行われている。ただ、国王の地位になんの影響もないことから、どちらかと言えば、国王による議会懲罰の色彩が強かった。一八六〇年代のプロイセンにおいても、国王の意に従わない議会を懲罰するため、あるいはより従順な議員たちを選出させるため、何度も解散が行われたと言われている（清宮、一九七一年、二二八頁）。

一方で、議会（下院）の解散がアメリカにないのは、三権分立が徹底していて、大統領はあくまでも議会意思の執行機関であり、理論的には対立等ありえないこと、それでも議会の指示が執行するに難しいと判断されるときには拒否権が行使できる等、何らかの方法でもって対立を解消できるからと考えられている。

だが、議院内閣制の下では、先に紹介した通説的な理解などありえないというのが、筆者の考えである。内閣は、下院の多数派（与党）を支持基盤にしているわけで、そもそも立法府（下院）と行政府との意見の対立などありえないし、強大な与党の行き過ぎを是正するとか、その権勢を削ぐとか、与党側と考えが違うので国民に信を問うといったことは、ナンセンスな論理と言わざるをえない。もし、こうしたことがあったとしたら、我が国で言うと、帝国議会下の一時期にすぎないと考える。

すでに第1章で述べたように、議会の真の役割とその結果としての議会の権力闘争のステージ化の観点からすれば、解散の本義は、首相が自分なり与党に有利な時期に解散・総選挙に訴えて、引き続き政権を担当したり、その権力を強めることだと言っても過言ではない。首相は、与野党の選挙準備状況や世論の動向、あるいはプラス材料の出具合等を見て、解散の日取りを決めるが、その日は、一番いいと思う日を選挙日として、現在の選挙期間である一二日間と一〇－一四日の準備期間とを加えて、逆算して決められる。

ところで、イギリスでは、かつて首相の判断による解散が制限されることがあった。二〇一一年議会任期固定法で、議会の自主解散か、内閣不信任決議案が可決された後一定の期間経過後に改めて信任決議案が可決されない場合以外は、下院の任期途中の解散はなく、五年ごとの所定の日に総選挙が行われることになったのである。この理由としては、①総選挙に対する準備等は与野党同じところからスタートすべきと考える傾向が強まっていること（つまり、権力志向的な解散は認めないということ）、②そして、実際、近年、首相の判断による解散の例もあまりなかったことが挙げられようが、筆者がイギリスに滞在していたときに感じたこととしては、敗北した野党は、次の総選挙までの五年は、お手並み拝見といった形で政争に訴えることがほとんどないということがあったのではないだろうか。

ただ、この制度改正の背景には、議会は国家意思の決定機関であり、なるべく権力闘争から切り離して、国民の要望を踏まえて真摯に意思決定させるべきだとの理想主義的な発想があったことは間違いないだろう。だが、このことが現実離れした空論にすぎなかったことは、結局、約一〇年後の二〇二二年に、この法律が廃止されたことからも明確であろう。前回の総選挙からわずか二年しか経っていない二〇一七年、テリーザ・メイ首相は、EUからの離脱の手続きがスムースに行えるよう、権力基盤を固めるべく、下院の解散・総選挙に打って出ようとしたが、この法がネックとなって、これまでのように容易には実行できなかった。しかし、与野党の合意の下、下院の自主解散に踏み切ることができ、総選挙を実施できたのである。さらに、その二年後、ボリス・ジョンソン首相も、国民投票に沿ったEU離脱を実現すべく、関連法案の審議を議会に求めたが、その抵抗は厳しく、局面を打開すべく三度にわたって固定期日前の総選挙の実施を求める動議を提出したが、いずれの場合も否決されてしまった。ただ、特例的に早期選挙を可能とする二〇一九年早期議会総選挙法をどうにか成立させることができ、総選挙を打つことができたのである（上綱、二〇二二年、一六頁）。

なお、保守党、労働党の二大政党とも二〇一一年任期固定法にはこりごりしていたためだろうか、その選挙では、揃ってその廃止を公約に盛り込んでいる。議会は法律を作るところという理想論・建前論だけで動くといかに痛い目にあうかということを如実に示したと言っていい。おもしろいことに、労働党の公約には、その法が、民主主義を抑圧し、弱い政府を支えてきたとの理由が盛り込まれていたとのことである。民主主義を抑圧するとは大げさな言い様だが、必要なときに民意に問えなかった状況を言っているのだろうか。議会の解散は、本来的に政府・与党側の権力的意図があってこそなのである。

新しい議会構成となり、二〇二二年に、任期固定法は廃止された。

ところで、我が国において、衆議院の解散は、帝国議会、国会を通じて開会中に行われている。本会議開会中なら、官房長官が紫の袱紗を持って、議場に入る。この中は、首相から議長宛の頭書と解散詔書のコピーが入っており、ただちに議事は中断されて、議長が詔書を朗読し、議員が万歳三唱することになる。会議がない場合は、議長室に各会派の代表議員らを集め、そこで議長が詔書を朗読する。第二次中曽根内閣のいわゆる「死んだふり解散」のときには、野党側の代表議員らは入室せず、与党のみが出席した。

第10章 会派

1 院内会派と機関承認

いわゆる「院内会派（略して「会派」）」は、衆議院議員総選挙なり参議院議員通常選挙で議席を得た政党がそのまま国会内で活動するために結成するか、いくつかの政党が合意して一つのものとして構成するものである。単なる議員の集合ではなく、あたかも法人のごとく、会派代表をはじめいくつかの組織や部門を持ち、自律的に意思を決定し、一体として行動する議員の集団であるのがほとんどである。国会内では、これらの会派が協議して、議院の運営を行うことが帝国議会以来の伝統となっている。実際、委員や理事の配分、議席区画や委員席の決定、質疑や討論時間の割り当て及び順序等から、自動車や議員会館の議員室、宿舎の部屋数にいたるまで、会派の所属議員数の比率で割り当てられ、具体的な取り扱いは、その都度これらの会派が協議して決めている。

その歴史を繙くと、もともと第一回帝国議会から会派は存在したが、当初は、議会運営からすると、部〈議院法第四条及び衆議院規則第一六条以下の規定、貴族院規則第五条以下の規定によって総議員を抽選で九部に分けたのは、委員会と同じ発想で、全体では動きづらいとして、これを単位として、たとえば、常任委員の選挙等を無名投票で行わせるためであった。ただ、政党の発達によって、その必要性は薄れていき、最終的には、常任委員選挙の母体という効用のみになってしまったという〈田口、一九三二年、一〇九頁〉）が中心で、会派は単なる私的な集合とみなされていたようだが、すぐに会派の方が議会運営に欠かせない存在だと認識され、第一三回議会には、会派の役員、所属議員等が事務局に届け出がなされることになり、第一五回には、議員控室が会派別に割り当てられることになった。第二一回になると、本会議の議席区画が会派別に割り当てられるとともに、各派協議会が設置され、本格的に会派が議会運営を担うことになった。第二七回では、常任委員の割り当てが所属議員数二五名以上の会派で按分されることになった。こうした歴史を経て、現在にいたっている。

ところで、個々の議員も、所属する会派の代表として行動することが求められ、その発言は、個人の質疑や意見ではなく、会派の質疑であり意見とみなされる。だからこそ、質疑や討論を行う際に、発言者は「〇〇党を代表して」と前置きして発言することが慣例となっているのである。採決も、一般的には党議拘束されており、会派が議員個々人を超えた主体的なものであって、何らかの理念を持つ存在であることが理解できよう。

会派が主体的な意思を持つ存在である以上、ある会派に所属する議員が議院内等で何らかの活動をしようとする場合には、予めその会派の意思決定機関の承認を得ることは必要であり、これを「機関承認」という。この承認の対象は幅広く、たとえば、会派への入会・脱退といったことから、議案等の提出にいたるまで枚挙にいとまがない。しかし、ここでは、特に議案の提出に限って言及することにしたい。

まず、議案提出にかかる機関承認の歴史であるが、衆議院に保管されている帝国議会以来の衆議院議員提出にかかる議案（いわゆる衆法）類を見ると、一九〇八年（明治四一年）の第二五回議会から一部の決裁に会派が承認したと窺われるような形跡が見られる。部会を通過した旨とか、部会長の名やサイン等が記されているのである。当時は、決裁文書と言っても、現在のような決裁書（いわゆる「カガミ」）が付いていたわけではなく、提出された議案に、受理の印が押され、そこに日付や番号が書き込まれただけなので（その後、さらに供覧の印が押された）、その議案の原稿が政党幹部等に回覧された後に、そのまま提出されたということなのだろう。

なぜこのあたりからこうした慣行が出てきたのか、その理由はわからない。もともと議会では、政府提出の予算案や議案に対してどういう態度を取るかが大事であり、議員提出議案については、それに賛同する人が会派横断的に集まってもそれほど問題は感じられなかったと思われる。しかし、政党の力が強まり、政党をバックとした内閣が登場するようになると、結束して反対党と対決しなければならなくなり、このあたりから議員提出議案についても、その動向を執行部が把握し、コントロールしていくようになったと思われる。

ところで、その後の提出議案の余白等に記載された文言はまちまちで、可決や承認といった言葉や承認機関名等が記載されていたが、一九三八年（昭和一三年）の第七四回議会になって、民政党関係の議案に、「政調承認」らしき印が登場している。それだけシステマティックになったということだろう。ただ、次の第七五回議会の終了後に各政党・会派が解散して衆議院議員倶楽部が作られたので、この印はごく短命であった。しかし、一九四二年（昭和一七年）の第八一回議会には翼賛政治会がつくられ、再び先の印を引き継いだような「議案審査会承認」の印が使われるようになった。

戦後も議案を提出するときには、この慣行が踏襲されるが、すぐに消えてしまう。会派の審査がなくなったからではなく、GHQのジャスティン・ウィリアムズが、議員は自由に議案を提出できるようにしなければならないと主張したからである。彼は、国会法原案に残っていた議案提出の際の賛成者要件をも削除させた。

しかし、一九五一年（昭和二六年）の九月にサンフランシスコ講和条約が結ばれ、我が国の主権が回復することになると、翌年の第一三回国会から機関承認が復活する。この国会の冒頭に、石田博英衆議院議院運営委員長が、与党議員が議案を提出するにあたっては党の機関（総務会、政務調査会、国会対策委員会）の同意を要するとの内規を定め、事務局に、機関承認のない議案は受け付けてはならないと指示したからである（石田、一九五二年）。この石田指示は、単に帝国議会の慣行を引き継いだというだけでなく、当時、選挙目当てのお土産法案・利権法案の提出が目に余り、これを抑制したかったこともあったと思われる。

翌年には、自由党の増田甲子七幹事長も、議事課長及び議案課長に宛てて、先のものに幹事長も加えて四機関承認のもののみ受理するようにと依頼して来、これが現在に引き継がれている。他の会派も、一九五五年（昭和三〇年）の第二四回国会から順次これに追随し、一九六二年（昭和三七年）の第四三回国会まではどの会派も導入した（衆議院議案課には、口頭により、機関承認済議案以外は受理しないよう要請したものと思われる）。なお、機関の種類は会派でまちまちである。

実際の手続きとしては、議案が提出される際に、併せて所属会派の機関の名と印が記された文書が出されることになっている。

なお、会派を横断して共同提出する際には、関わる会派全ての機関承認が必要である。かつて筆者は、内閣不信任決議案を提出するにあたって、当該内閣の与党の議員を賛成者に加えられるかと聞かれたことがあるが、その場合、当然のことながら、その与党議員に関しては機関承認が得られる見込みはなく、受理できないと答えたことがある。

機関承認に関しては、これを否定的に考える向きが強い。これは、それと趣旨を同じくする党議拘束も同様であり、その理由として、会派や政党に属しているとはいえ、全員がいつも同じ態度を取ることはありえず、議員も自分の信念と良心に従って議案を提出してもいいではないかというものである。また、議員の立法能力を高めるためには、もっと自由に議案を出させるべきだとの意見もあるし、かつて土井たか子衆議院議長の私的勉強会で提案されたが、国会審議の活性化のためには、議員提出議案を増加させるべきで、そのためには、あまり会派が拘束しない方がいいとの主張もあった。

機関承認が具体的に問題になったのは少なくないが、その主なものとしては、一九九三年（平成五年）の第一二六回国会での上田哲衆議院議員の国民投票法案がある。これは多くの社会党議員が賛成者に名を連ねるなど所定の賛成者要件を大幅に満たしていたが、会派の機関承認を得なかったため、議案課で正式受理されず、議院運営委員会理事会での協議を待つとして仮預かりとなったものである。その後、協議するいとまもなく、その数日後に衆議院が解散となったため、廃案となり、上田氏は精神的損害を受けたとして衆議院事務局を訴えたが、議院の自律権の範囲内に属する問題として最高裁はその訴えを退けている。

二〇〇一年（平成一三年）の第一五三回国会では、河村たかし衆議院議員が中心となって、会派の承認の有無にかかわらず議案の発議ができるとする国会法改正案を、民主党の機関承認なく提出しようとしたが、仮預かりとなった。

珍しいものとしては、二〇一二年（平成二四年）の第一八〇回国会で提出が図られた日本国憲法改正原案がある。これは、当時の与党の民主党をはじめ、自民、きづな、みんな、国民、新党大地といった会派の所属議員が提出者となったにもかかわらず、機関承認が得られなかったとして、議長立ち会いのもと、事務総長に手交され、仮預かりとなったものである。もし受理されていれば、初の憲法改正案の提出であった。

なお、参議院では、議案を提出するにあたって機関承認を必要としないが、それは機関承認がなされないというのではなく、そうした文書を添付して提出する必要がないというにすぎない。ただ、これまで実質的な承認がなかったとして不受理になったり、仮預かりになったりしたことはない。

2 党議拘束①

党議拘束とは、会派が、国会での議案等の採決にあたって、予めその方針を決定し、これに全ての所属議員が従うよう拘束することとされている。この是非についての議論は、今に始まったものではなく、遠く第一回帝国議会からある永遠のテーマであり、当時、何人かの議員が、議員の自主性にまかせず、党議拘束をかけているという理由で、立憲自由党を離党したことがある（春田、一九八七年、二一〇、二一一頁）。また、明治末期であるが、猶興会も、既成政党の弊害を打破するとして、会員の自由行動を容認し、一人一党主義を唱えたことがある。

一般的な論理からすれば、どういう事柄であっても、全員が同じ考えを持たねばならないと言うのは、あたかもロボットかファシズムの世界のようで、おかしいと考えられている。このため、党議拘束はかけるべきでないと主張する向きもあり、原則的に党議拘束をかけない会派もある。

しかし一方で、政党・会派というのは、何らかの理念で集合したものであり、かつそれに賛同して国民が票を投じた以上、基本的には党議拘束をかけるべきだとする意見も根強い。現在、一定の要件を満たした政党に政党交付金が支給されたり、比例区選出議員が、当選時に当該選挙区に別の候補者を立てた他の政党に移ろうとする場合には、議員を失職するといった公選法の第九九条の二の規定が設けられたりしているのは、政党が政策等を中心にまとまり、それらの政策を国民に訴え、その実現を国民に約束するものだということが広く国民に認識されているからであり、この点からも、党議拘束は容認されるとする。

これら二つの意見は相反するものではなく、どこまで党議拘束を認め、どうした案件については、それを適用しないかという話にすぎない。識者の多くや大半のマス・メディアも、予め党の綱領とか選挙の際のマニフェスト等で約束したもの、結党の理念に関わるもの、あるいは重要だと考えられるものだけに党議拘束をかけるべきで、それ以外の事柄については、議員個々人の判断に委ねるべきだと主張する。こうした考えに立って、社民党は、一九九六年（平成八年）に、予算や重要法案を除いて党議拘束をしないことを決め、自民党も、かつて、党改革実行本部で、個人の良心的信条に関わるものは党議拘束を解除する方針をまとめたことがある。

さらに、政党・会派の内部問題という切り口を超えて、参議院の存在意義を高めることを目的として、一九七一年（昭和四六年）、参議院問題懇話会が、党議拘束の緩和を提唱する意見書をまとめたこともある。

現実は、そうした方向に進んでおり、たとえば、一九九七年（平成九年）の第一四〇回国会での臓器移植法案と二〇〇九年（平成二一年）の第一七一回のその改正案の場合は、共産党を除く他の会派は党議拘束を外している。他に、一九九八年（平成一〇年）の第一四二回のいわゆるサッカーくじ三法案のときは、民主、平和・改革、社民が、そして、翌年の第一四五回の国旗・国歌法案のときは、民主が、二〇一四年（平成二六年）の第一八六回の祝日法改正案（「山の日」制定）では、日本維新の会が、二〇一六年（平成二八年）の第一九二回のいわゆるIR法案については、公明党が党議拘束を外している。なお、小会派が党議拘束を外し自主投票とすることは、たとえば、一九九四年（平成六年）と翌年の第一三一回及び第一三二回の祝日法改正案（「海の日」制定）や一九九七年（平成九年）の第一四〇回のいわゆるNPO三法案のとき等、しばしば見られることである。このNPO三法案における太陽党の党議拘束解除については、提出者が以前の会派に属しているときに提出したものの、その後、会派を移り、賛成者から外れられなかったり、自分の意思で残ったりしたため、会派の方で党議拘束を外したものである。

なお、参議院の話だが、二〇一五年（平成二七年）の第一八九回国会で、日本を元気にする会が、労働者派遣法改正案について、会員から意見を募り、その賛否の比率に応じて所属議員を分けて、賛否の投票をさせたこともある。

3　党議拘束②

ところで、そもそも論を言うと、これまでの議論は、「党議拘束」があたかも党の上位者なり党自体が、特定の方針を所属議員に勝手に押し付けているかのような印象を与えるものであるが、こうした理解は間違いだと言わざるをえない。

どの国の議員も、得意不得意にかかわらず、いかなる法案等についても、自分の意思を示さなければならない。そこには、議員は全ての問題に通暁していなければならないという理念的前提がある。だが、こうしたことは不可能であろう。それゆえ、我が国では、たとえば与党自民党は政務調査会を設け、政府が提出を予定している法案等について、担当部会で説明を受け、質疑応答し、場合によって修正を求めることもできるようにしているのである。出席者も部会員に限られず、所属議員は誰でも出席・発言できる。つまり、政務調査会を通じて、所属議員はさまざまな分野の法案等の理解を深めることができるのであり、こうしたことは、公明党や野党にも、程度の差はあれ、ほぼ共通に見られることである。

そしてまた、与党であれば、政府を応援するためにも、提出法案を問題なく可決させたいところであり、このため、所属議員の最大数が賛同できるまで原案を修正しようとするのである（もし理解が得られないなら、政府に提出を断念させることもありうる）。「党議拘束をかける」という言葉に重心を置くから、それだけが独り歩きをして、あたかも党が無理やり議員を拘束しているかのように聞こえるが、本質は、皆が議論して会派としての方針を決めるということであり、そのことを理解すれば、何の違和感もない。野党の側にしても、政権を獲得するために、特定の法案についての態度を決定して、所属議員がこれに従うということは当然のことであり、ファシズム等とは全く関係がない。実際、そうしたことは国も同じであって、何らかの事態を受けて国の方針を決める場合、賛成・反対はあっても、議決すれば、反対者もそれに従わなければならないことは当然のことであろう。

ただ、よく引き合いに出されるのが、諸外国の状況である。つまり、我が国ほどは、所属議員に対し党議拘束していないのではないかと、我が国の扱いを疑問視するのである。しかし、これは、政党の所属議員に対する便宜供与の程度に起因するものと考えるべきである。

たとえば、イギリスのように、政府の情報は最初に議会に示さなければならないという原則を持ち、かつ本会議中心の議会運営であれば、全議員が平等に本会議場において政府の情報や政策案に接し、疑問点も質すことができて問題ないが、現在の主流である委員会中心の運営となると、自分が属する委員会の案件でなければ、法案提出時に配布される法案と資料くらいしか手元になく、それだけで最終の議決を行う本会議に臨まなければならないことになる。つまり、党議拘束がないということは、自分の責任で自由に考えて投票できるといった甘い話ではなく、我が国のように、政党内に議員が勉強したり、政府に要望する機会や場がないということに他ならないのである。

4 党議拘束③

ここで、「党議拘束」という言葉そのものを考えたい。一般的に「党議」とは、政党の最高機関、具体的には党大会で決定したものをいう。ただ、党大会は通例年に一回開かれる程度のものなので、通常は常設の最高機関での決定を「党議」という。なお、所管の最高機関の決定も、「党議」と呼んで差し支えないだろう。

我が国においては、たとえば自民党では総務会が常設の最高機関である。与党である自民党は、政府が法案を国会に提出するにあたって、事前にそれを審査する慣行があり、これを「事前審査制」という。形式的には、総務会において、政府が法案を国会提出することを承認するということだが、内容も当然に了承したものとして、党員たる議員もその「党議」に従う義務が生じる。

ドイツも我が国と似たような状況にある。苗村辰弥によれば、各会派は、各種委員会に対応して作業サークルないし作業グループを持ち、これらは、委員会に代表される自会派の方針を自ら決定できるとする（苗村、一九九四年a、五〇、五一頁）。会派は、そうした作業部会による報告と決定を、たいした議論なしに承認し、それを会派自体の決定として採用することが通例のようである。所属議員が、こうした機関における決定（党議）を守るのは当然であろう。このように、連邦議会では会派中心の運営がなされ、議事規則にも会派に関する規定は数多く、「会派議会」と呼ばれる由縁である。

にもかかわらず、基本法に、「……議員は国民全体の代表者であって、委任及び指示に拘束されず、自己の良心のみに従う」（38条1項）（これを「freies Mandat」（無拘束委任）という）との文言があり、これが、議員は必ずしも政党や会派の意向に従う必要はないのではないかという疑問を惹起させている。

実は、こうした規定はワイマール憲法にもあった。その趣旨は、ライプホルツも言うように、議員は、一旦選出された以上は、全国民の代表者であり、自己の良心を規準にして判断を下すべきという自由主義的代議制民主主義の理念を宣言することだったと思われる（飯田他、一九六四年a、九二頁）。筆者も、単に国民から選ばれる議員の姿勢、あるいは職務のあり方を規定しているだけで、時代の変遷による政党のあり方や発展の具合まで考慮に入れたものではないと考えているが、第二次世界大戦後のドイツでは、もっと具体的な意味を持つ規定として考えられてきたようである。学説の中には、先の規定（無拘束委任）は、政党等に適用されるもので、会派は政党の一機関ではないので、それが直には適用されないと主張するものもあるようだが（上代、二〇〇八年、二二一頁。苗村、一九九四年a、二二二、二二三頁。苗村、一九九四年b、二四三－二四五、二四九頁）、筆者にはその論拠がわからない。あえて言うまでもないことだが、政党や会派は烏合の衆の集まりではない。何らかの共通の考えや目的を持って集まったものであり、そうした目的等を実現するためには、規律や拘束が欠かせない。こうした当然のことを、基本法が無視しているとは考えられない。もしかしたら、会派は所属議員全員によってのみ構成され、かつ全ての議員が発言権及び表決権を有する（さらに言えば、無拘束委任権の行使として議員が自発的に結成したもの）のに対し、政党は、議員といえども、必ずしも最高幹部になるわけではないので、自分たちが意思形成に関われないことについては、党議でも従う必要はないということを言っているのだろうか。実際、たとえば、かつて帝政時代からワイマール時代にかけて、国民民主党は最高機関たる中央幹部会（議員以外のメンバーも少なくなかった）を設けていて、議員団の行動の指針となるべき決議を行うこともあったが、総じて議員団はそれらに拘束されることなく、独自の判断に基づいて政策を決定することが多かったという（飯田他、一九六四年b、一一二頁）。なお、ザイフェルトは、政党のみならず、会派も所属議員を拘束できないとするが（苗村、一九九四年b、二四五頁）、ここまでくると、現実を無視した極論と言わざるをえまい。

基本法は、会派に関しては、わずかに合同委員会委員に関して会派勢力比による配分を定める（五三a条）のみである。しかし、判例及び学説とも、基本法の精神として、会派を議会活動・憲法生活に必須の装置として捉えており、だからこそ、議員に対する拘束も合法的としているのである（苗村、一九九四年a、二三、二四頁）。

以上、我が国とドイツの事情を述べてきたが、実は、こうした党等の正規の議決によって政府提出法案なり議員提出法案に対する態度を拘束している国は、世界にはほとんどないのである。

5 党議拘束④

たとえば、われわれが「党議拘束」とイメージするものは、イギリスでは、「party discipline（党統制）」と呼ばれている。これは、リーダーの意向に従うということである（Kingdom, 1991, pp. 284, 285）。それゆえ、本来なら、「党統制」ではなく、「党首統制」というべきかもしれない。

イギリス議会では、よく知られているように、「three-line whip」という仕組みがある。これは、党幹事長（chief whip）から各所属議員に渡される議事日程の中の特定の法案に対し、一本から三本までの下線が引かれており、一本なら、会派の意向どおりの投票を行うことを推奨する（嫌なら欠席してもいい）、二本の場合は、もし会派の意向どおりの投票をしたくないなら、ペアリングをしなさい（誰か対立党の議員を一緒に道連れにするなら、欠席してもいい）、三本なら、必ず出席して会派の意向どおりの投票をしなさいというものである。これが「党議」であれば、こうした手続きなどは全く必要ないと言っていい。というのは、必ず従わなければならないからである。「党議」でないからこそ、院内総務や院内幹事らが不穏な動きをしそうな議員を見つけて、飴と鞭を使いながら、リーダーに従うよう説得するのである。ただ、もし従わなくとも、「党議」ではないので、通例は処罰されることはない。単に、大臣になるチャンスが遠のき、平議員で終わる可能性が高くなるのと、次回の選挙での党の公認の際、担当の地方支部から候補者として選ばれない危険が高まるだけのことである。しかし、政府・与党がどうしても従わせる、そうでないと危機が起きるという強い気持ちを持っている場合には、会派除名（withdraw the whip）にいたることがある。二〇一九年、EU離脱法案の審議に関してオリバー・レウィンの提出した議事規則二四条に関する動議には、政府・与党側は絶対反対の意向だったが、与党保守党から造反が起き（九月三日）、二一人が会派除名されたのである。これこそ、まさに「党首統制」といっていいものであった。

一方、アメリカでは、党議拘束がないと言われるが、厳密に言うと、そうした決定をするステージそのものがないと言わなければならない。そもそも二大政党がほとんど選挙に特化した組織なのである。岡山裕はロウィを引用して、アメリカの政党は、政策アウトプットを生み出すのではなく、体制自体を構成する機能に特化したものと言う（岡山、二〇〇五年、一五頁）。それは、公職選挙への対策をもっぱらに行うということである。それゆえ、政策形成過程での一体性は期待できない。

こうした仕組みになっているのは、連邦議会議員や州知事等の公職に対する政党の公認候補は、政党幹部が恣意的に決めてはならず、基本的に党員による投票（予備選挙）で選出しなければならないことになっているからである（久保、二〇〇九年、六九頁）。

なお、民主・共和両党は、議会両院にそれぞれ会派（民主はcaucus、共和はconferenceという）を有しているが、これらも、根本は議院内のポストに適当な所属議員を選ぶことがメインであり、それらの下にある政策委員会（あるいは政策及び運営委員会）も同様であって、政策については、もっと大局的なものを議論し、かつ情報を発信するもので、個別の議案を議論するところではない。たとえば、民主党下院会派ルール第一〇条に規定される政策及び運営委員会（Steering & Policy Committee）を見ると、やはりその構成と下院人事が中心であって、政策については、自らを補助的な立ち位置とし、可能な時に何らかの政策を承認するよう推奨することもあるとするのみである（House Democratsのホームページ）。

ところで、党議を決定するステージがないからといって、皆勝手にやってくれ、自分で自由に考えてくれというものでは決してない。今でも、大統領与党であれば、多数派が少数派や一匹狼的議員を、足並みを揃えるよう説得することが日常茶飯事であることは周知の事実だし、そうした事情は野党側とて同じである。そして、説得の過程でさまざまなディールが飛び交うことも当然のことである。単に、「党議」といったもので拘束することがないというにすぎない。

イギリスとアメリカの事情を見てきたが、よく問題視される党議拘束上の問題、つまり上の意向を下に押し付けるといったことは、実は、我が国というより、かえってイギリスやアメリカの方にあることが容易に理解されよう。

6 党議拘束⑤

最後に、党議拘束を考える上で大事なのは、こうした締め付けは、議会が統治の最高責任者を実質的に選出する権限を持ち、それをめぐる権力闘争が激しいところであればあるほど強いということである。

すでに第2章5の「議会の役割」で述べたように、筆者は、議会の役割は、立法によって統治の基準等を示し、国政調査によってその基準どおりに統治が行われているかを監視し、最終的には、統治者（首相）そのものを自分たちで選ぶことで統治府（多くの人は「行政府」なり「執行府」と考えているが）の行う統治行為の最善化を図るものだと考えている。そして、現在では、この首相を選ぶことこそが国会の最大の役割になっており、他の立法等の権限はその目的に奉仕する従属的手段になっている。となると、自分たちの選んだ首相を守るために、あるいは野党側からすると、首相らを攻撃するために、党の結束を守ることはもっとも重要なことだと思われる。それゆえ、議会は議案を審議するところであって、みだりに政争に入り込むことなく、真摯に議論することこそ議会の本質だという考えに立つと、党議拘束の意義は理解できないと言わざるをえない。

なお、大統領制の国では、一般的に大統領の直接選挙（アメリカでは、準直接選挙）が行われ、議会に統治者を選ぶという権能が欠けている。つまり、権力闘争の主舞台は大統領選挙であり、この点、議院内閣制の国と比較すると、会派の所属議員に対する統制の度合いは弱い。だからこそ、アメリカやフランスでは、党議拘束がないとか弱いと言われるのである。

7 法案等の事前審査制

「事前審査制」とは、「内閣が提出予定議案等の内容を予め与党側に提示し、そこに条文の追加、削除、変更といった党側の意向を反映させ、党の最高機関の承認を得た上で国会に提出する」（向大野、二〇〇六年、一二頁）という慣行的制度のことである。この制度の下では、与党側は国会提出以前に事実上の議案審査を終えており、国会では、その議案の通過だけが関心事となり、質疑を遠慮したり、持ち時間を削減して一刻も早く成立させようとする一方で、野党側も、大臣や政府の職員に一方的に質疑するだけという形式性が顕著だとして、一部の学者たちの批判の対象となっている。

この制度の沿革については、かつて自民党等で職員を勤めた村川一郎が所蔵していた一九六一年二月二三日付の赤城宗徳総務会長から大平正芳官房長官に宛てられた一枚のメモ、そこには、「各法案提出の場合は、閣議決定に先立って総務会に御連絡を願い度い。尚、政府提出の各案については総務会に於て修正することもあり得るにつき御了承を願い度い。」と書かれていたが、これが根拠だと幅広く信じられてきた。しかし、それは全くの間違いであった。当時、選挙制度審議会が高級公務員の立候補制限等を内容とする第一次答申を出し、これに基づいて政府が公職選挙法改正案の原案をつくり、事前に自民党に提示したところ、党側は改正の趣旨を骨抜きにする修正を求めたため、同審議会は臨時総会を開き、答申の尊重とすみやかな政府案の提出を求める決議を行うということがあった。この事態に対し、政府側を牽制するために、翌日、出されたのが先の赤城メモなのである。

では、真の沿革はどうなっているのだろうか。

その前に、事前審査制を厳格に定義づけると、①議案提出前に、政党・会派に政府側からの説明があること、②会派（与党）において、その議案の国会（議会）提出が了承されること、③こうした手続きが、継続的かつ普遍的に行われることの三つが必要であろう。

①の点に関しては、衆議院公報に会派の会議の広告が掲載されるようになった一九〇七年（明治四〇年）の第二四回帝国議会には、すでに党の政務調査会等に大臣や政府関係者が出席して提出予定法案について説明していたことがわかる。さらに遡ると、一八九五年（明治二八年）の第八回議会後に、伊藤博文首相と自由党との間で、予算や重要法案については、予め自由党に提示し、その同意を得ることで合意したこともある（河野磐州伝刊行会、一九二三年、三八九、三九〇頁）。ただ、両者の提携はすぐに解消したため、この合意は実現されなかったようだが、こうした動きが先に紹介した大臣等の党の政調会等への出席・説明へとつながっていったと考えられよう。無論、当時は、現在のように、どの

議案も事前に与党の政策担当部署で審査され、その最高機関の承認を得たというわけではなかったようである。筆者の調べた限りでは、事前に示して与党側の意向を取り入れ、その実質的な了解を得て、議案等を議会に提出するものの、与党側は、議会での審議が進み、野党との修正の協議も済んで、最終的に採決の対象が定まってから、党の正式な承認を行い、採決に臨んだようである。たとえば、議会審議の対象でもっとも重要なのは予算案であるが、この審議の経過を見ても、先述したように、予算総会での採決の前日は各会派の党議決定日とされ、委員会審査を休んで各党が党本部やホテル等で党議決定をしていたわけで、党議の決定はそうした時期になされていたのである。つまり、②の点に関しては、まだそこまで深化していなかったと言ってよく、今で言う事前審査の手前の状況で止まっていたと考えられる。

ただ、既成政党を一つにまとめた翼賛政治会の時代になると、戦争に邁進したい政府は、議会審議の迅速性と効率性を求め、翼賛政治会と一体になって政策作りを行うようになる。奥健太郎は、山崎達之輔政調会長の発言を要約し、政調会が政府と政策立案にあたることで、議会開会後に政府から提出される法案には、すでに政調会が政府と調整した結果が反映されるという（奥他編、二〇二四年、一四九、一五二頁）。つまり、事前審査制の初期の形は、非常時の中で生まれてきたとみることができるのである。しかし、戦後、こうした政府・議会・政党の一体システムは、当然のことながら一旦ご破算となる。

ところが、新国会頭初の最大の懸案であった石炭の国家管理法案が、新たな形での政府・与党一体システム誕生（事前審査制）のきっかけとなったと筆者は考えている。前述したように、政府提出法案に対する態度は、議会において最終的な採決の対象が定まってから決められた一方、議員提出法案については、提出時に党の承認（機関承認）がなされており、石炭国家管理法案は、与党がその内容を詰めた後に閣議決定がなされて国会に提出されていることから、議員提出の場合と同じとみることができるのである。実は、この原案作りはもともと商工省と経済安定本部が担当していたが、与党の容れるところとならず、結局与党三党でそれぞれ試案を作成し、それらを調整して、最終的に政府案として国会に提出することになったのであり、議員提出法案と政府提出法案とを融合させたような特殊な過程で作られたと言っていい。そして、これが、政府提出法案に対する手続きが議員提出のものに寄っていく一つの大きなきっかけとなったのではないかと思料する。この理由としては、三党連立政権だったことが大きく、賛否の分かれる大法案の場合は、しっかりした調整が求められたからであろう。

なお、ほぼ同時期に国会提出された経済力集中排除法案については、朝日新聞は、閣議決定がなされたことを報じた後、今後は法制局審査を経て国会に提出される予定であるが、政党の了解を得るために、与党と自由党に説明するとの記事を掲載している（一九四七年九月三〇日）。この場合は、与党の関与は閣議決定後であり、かつ野党自由党にも説明している点で、まだ過渡的な形態であり、おそらくこちらが当時の原則的な手続きだったのではないだろうか。

翌年の第三回国会では、政府が補正予算を国会に提出するにあたって、与党民自党の緊急役員会で承認がなされている（朝日新聞、一九四八年一一月二八日）。

さらに、第一五回国会（一九五二年）になると、警察法案が、政府・自由党政調協議、総務会といった段階を踏んで閣議決定されており、現在とほぼ同様の手続きとなっている（毎日新聞参照）。

8　事前審査制の完成への道程と問題点

以上、事前審査制が発達していく時間的経緯を追ったが、このシステムの意義は、帝国議会時代には、常会の会期が九〇日で、ほとんど臨時会もなかったため、もっぱら必要な法案をスムースに議決まで持って行くことにあったと言っていい。そして、戦後の新国会も議会初期と同様の状態に置かれていたのである。民主主義の新しい理念の下、多くの法律が作り変えられなければならなかった上に、戦後の経済混乱や社会不安に対応するために、新規の法律も必要とされ、たとえば、平成の終わりから令和の現在まで、政府が常会に提出する法案の数は毎年六〇本程度だが、新国会誕生からしばらくの間は二〇〇本を超えていたのである。これらを会期内に効率よく成立させるには、やはり事前審査制は欠かせなかったと思われる。

ところで、新国会になると、事前審査制は、新たな役割へと重心を移していく。つまり、権力闘争のための手段という色彩を強めていくのである。それには、新国会が、実質上の統治者たる首相を選出する権能を持ったことが大きい。無論、権力闘争は帝国議会にも存在しており、これが花開き、実を結んだのが大正デモクラシーであったが、新憲法下、名実ともに政府・与党対野党という権力闘争を大っぴらにやれるようになったのである。それは、具体的には、政府肝入りの重要法案の成立をめぐっての攻防戦として展開されるもので、政府がどうしても成立を期したい法案の審議では、与党が自己の質疑はなるべく遠慮し、採決には一体となって成立を期す一方、野党側は、そうした重要法案の廃案をめざすとともに、究極的には、政府に打撃を与え、政権交代を実現しようとするものであった。そのためには、お互い問題法案提出の前後には態度を決めて、戦いの隊列を整えておかねばならず、事前審査制は、そうした準備に貢献したと言っていい。

こうした事前審査制の戦後の形態は、昭和二〇年代後半頃には完成の域に達したと思われるが、だからといって、そこで終了かというと、そういうわけではなかった。事前審査制の持つ陰の部分が強くなっていったのが、いわゆる五五年体制後であった。それは、簡単に言うと、政官癒着であり、それを抜きに事前審査制を語ることはできない。

この政官癒着が成立するには、保守政党の一党支配構造が必要であった。五五年体制前は、自由党が中心的に与党を担っていたとはいえ、一方の保守政党（民主党、改進党等）や社会党も再度の登板のチャンス、あるいは政権の獲得を窺っていた。つまり、与野党はいつでも交代する可能性があったのである。だが、五五年体制となると、自民党の一党支配が鮮明となり、政官の結びつきが強まっていく。官としては、自民党のバックアップを受けて政策を安定的に進めたい、一方、議員からすると、選挙を勝ち抜くために、なるべく地元に公共工事やさまざまな便宜をもたらしたい、そのお互いの希望が合致する形で、事前審査制というシステムの中で、官は与党議員の意向を最大限政策や法案の中身に取り入れ、あるいは、個々の希望を別の形で実現し（選挙区等への予算措置、公共事業、補助金の支給等）、一方で、議員側は、国会の場においては、野党対策を担うとともに、政府提出議案に賛成票を入れるという形が出来上がったのである。

そして、こうした議員側の要求の基になったのが、中選挙区制であったことを指摘しておかねばならない。本来、選挙は、理念・思想、めざす目標等が違う者が争うべきものである。つまり、違う哲学を持った政党が、それぞれ候補者を立てて、有権者の支持を得て、当選を勝ち取ることが大事である。ところが、中選挙区制の下では、政権を取るには、一つの選挙区に複数の候補者を立て、複数の当選を得ることが必要であった。そうした場合、同一政党から公認なり推薦を得た候補者たちは、政党の公約等では差別化することはできないので、勢いそれ以外の要素、つまり、冠婚葬祭への出席やバスを仕立てての後援会旅行の実施等で差別化を図ったのである。それがサービス合戦であった。そして、これを実施するには莫大な金が必要であり、議員らは、さまざまな手段でこれを集めざるをえず、派閥に入ってその長からの資金援助を受けたり、「井戸塀」ならまだしも、中には不正な金に手を出したりすることも少なくなく、多くの疑獄事件や政治腐敗を引き起こしたのである。これが平成初期の政治改革運動につながり、現在の小選挙区制への転換をもたらしたのである。

最後に、事前審査制の是非をめぐる議論を紹介したい。

事前審査制を擁護する人たちは、与党が政府を支える以上、事前に了解するのは当然で、議院内閣制の必須のシステムだとする。しかし、この論の弱点は、実は、他の議院内閣制の国ではやっておらず、我が国独自のものだということである。

一方で、批判する人たちは、先述したように、この制度が、族議員の跋扈を許し、利益誘導といった政治腐敗の温床になったとする。あるいは、事実上の政策決定過程が国民にとって不透明な状態に置かれているともする。さらに、これが国会における実りのある議論を妨げ、それを形式的で「通過儀礼」的なものに貶めたとも言う。彼らの理想は、議員が与野党の垣根を越えて自由に意見を闘わせた上で何らかの合意に達することであり、たとえまとまらなくとも、議論の結果として各会派が最終的な意思を決めるということである。それからすると、我が国の国会審議は似ても似つかぬものだということになる。

だが、重ねて言うが、野党とても事前審査に似たことをしているのである。国会での審議が始まる前に、党内の関係部門で協議し、ほぼ意思を決めてから国会審議に臨んでいるのである。それは、先述したように、議会の役割が統治の最善化であり、そのもっとも重要なものが統治者たる首相の選出という権力闘争だからである。さもないと、議員それぞれで言っていることがばらばらになり、そこに付け込まれたり、求心力が働かず、容易に相手方に乗じられるからである。

それに、たとえ権力闘争の部分を措いたとしても、事前に勉強して、それなりの姿勢を決めておかないと、いい質疑ができないことがある。答える方だって、事前に質問内容の通告をもらわないと、立ち往生してしまうのである。よく自由な議論と言うが、たしかに言葉はきれいで魅せられるが、実際には、あまりいい議論ができないことが大半である。子どもっぽい質問をしたり、一人だけががんがんしゃべり、ときに激し、けんかになったりする。また、論点がずれていったり、拡散することも多い。よくテレビで政治を茶化すような番組をやっているが、あの程度で終わる危険が大きい。これでは、かえって空洞化したり、品格を下げたりすることになりかねないのではないだろうか。それに、そもそも自由討議でなければ出てこない論点などないと言っていいくらいである。

実際に事前審査制が問題になったのは、小泉純一郎首相がライフワークともする郵政公社法案の国会提出をめぐってのことであろう（二〇〇二年）。民営化に消極的な空気の強い与党自民党が、事前審査制を盾に、法案の提出をしぶったからである。最終的には、同党の総務会が、政府が法案を国会に提出することだけは容認するということで決着した。さらに三年後の郵政民営化関連法案のときも総務会は混乱のうちに国会提出を認めたが、修正案を審議したときは、総務会史上初めて多数決でもって了承した。なお、二〇〇二年（平成一四年）三月に、小泉首相をバックアップする人たちを中心に、国家戦略本部ビジョン委員会が事前審査制の廃止等を含む緊急提言をまとめたが、結局、七月に、その上部機関で、廃止等が提言から削除された経緯がある。

9　会派からの離脱

われわれは、一般に会派への入会や退会は自由になされていると考える。しかし、実際には、それほど自由かつ簡単に離脱できるわけではない。なぜなら、国会は、所属議員の数が「ものをいう」世界だからであり、一人失うと、たとえば、立法事務費や政党交付金が減額になるのである。しかし、場合によっては、それにとどまらず、議案提出権を失ったり、あるいは、政党交付金そのものが受け取れなくなることもある。

特に、離脱・退会が厳しくなったのは、衆議院議員選挙に比例区が設けられたことと、政党交付金の制度が設けられたことだろう。

大きな問題となったのは、一九九七年（平成九年）の第一四〇回国会での萩野浩基衆議院議員の新進党からの離脱であった。萩野議員は、同じく新進党の参議院議員だった友部達夫がオレンジ共済事件で逮捕されたことをきっかけに、新進党からの離脱を表明したのだが、当時の小沢一郎党首の執行部が認めなかったのである。新進党は、萩野議員が比例区選出だったことを挙げて、この当選は党の力によるものとして、議員辞職の方を求めた。その場合は、名簿の順序に従って繰り上げ当選となるので、所属議員数に変動はないからである。

萩野議員は、離党届が受理されないために、自ら衆議院事務局に会派所属異動届を提出し、善処方を求めてきた。ところが、会派所属異動届は会派代表者から提出されることになっており、事務局としては、そのまま受理というわけにはいかなかった。衆議院先例集平成六年版にも、「議員の会派所属届は、その会派の役員から届け出る」となっていたのである。この文言は、その前の昭和五三年版を引き継いだものであるが、実は、それ以前、たとえば、昭和三〇年版には、「議員の所属届は、その会派の役員又は議員から届出する」とあり、この文言を昭和三八年版も基本的に踏襲していた。先例集の記述を昭和五三年版から変えたのは、第一九回国会（閉会中）を最後に、議員個人から届出がなされなくなったためである。

事態が膠着したまま、新進党がその年の一二月三一日をもって急に解党したため、この問題に突然幕が下りた。しかし、これがきっかけで、二〇〇〇年（平成一二年）の第一四七回国会で、公職選挙法が改正され、衆参の比例代表選出議員の政党間移動が制限されることになった。

その後、やはり会派離脱をめぐって大きな問題となったのが、二〇一三年（平成二五年）の第一八五回国会閉会直後に、みんなの党から江田憲司衆議院議員らが離脱しようとしたときである。一旦離脱届が議事課に提出されたものの、保管扱いとなった。このため、小選挙区選出の江田議員だけが一人先に離脱し、すでに離脱していた柿沢未途議員らと結いの党を結成し、翌年早々に未だみんなの党に残っている一部の議員らと会派結成届を事務局に出したが、これも仮預かりとなった。結局、逢沢一郎議運委員長の仲介により、結いの党の議員が、みんなの党からの離脱の意思を持っているかを、みんなの党側がヒアリングし、その結果、離脱を認めるということで決着した。なお、ヒアリングには、当初逢沢一郎委員長が立ち会い、その後事務総長が立ち会うということになったが、結いの党から、当時事務次長だった筆者に立会人になってほしいとの申し入れがあったことを覚えている。

第11章

事務総長と事務局

1　事務総長とは

衆参の事務総長は、議員以外の者から、本会議における選挙で選ぶことになっている。しかし、実際には、その手続きを省略して、議長の指名によって選出している。候補としては、事務局で第二位の立場にある者、通例は事務次長であるが、この者が次の事務総長に選ばれる。選挙での当選もしくは議長の指名があれば、そこで即事務総長となり、別途任命行為が行われることはない。これは、正副議長や委員長らも同様で、特に任命権者がいるわけではなく、原則として、当選と同時にその職に就任することになっている。

衆議院では、筆者が第一五代である。戦前の帝国議会では、事務方の長は書記官長であった。当時、書記官長と呼ばれる官職は、衆議院の他に、内閣、枢密院と貴族院にあり、これら四書記官長はほぼ同格とされていた。内閣書記官長が現在の内閣官房長官に相当する職であったことからして、帝国議会では、書記官長が議長に対しての官房長官的な立場から議長を補佐していたと言って差し支えない。

ところが、国会になると、その運営において議長を補佐する主要な役割は議院運営委員会が主管するところとなり、その長である議院運営委員長がその院におけるいわば官房長官的な役回りをすることになった。これに伴い、事務総長は官房副長官的な役割を果たすこととなり、待遇面でも、官房副長官とほぼ同格に位置付けられることになった。

事務総長の職責は、法規上、第一に、議長職務の代行であり、これは、正副議長が選挙されるまでは議長の職務を行うということである。事務総長は国会議員以外の唯一の国会役員であり、総選挙後の特別会なり臨時会（任期満了時）の冒頭においては、事務総長以外に国会役員がいないこともあり、もっぱら事務総長が議長の職責を行わざるをえず、正副議長の選挙も主宰することになる（参議院は、半数改選なので、正副議長のどちらかが残っていることが多いが、どちらもいない場合に、事務総長が選挙を主宰する）。

第二は、議院事務統理権、公文書署名権である。事務を統理することは、必然的に事務局の代表者ということになり、その結果、第三の権能として、事務局職員の任免権を持つ。

ただ、実質的にもっとも大事な役割は、議長の補佐と言っていい。一口に補佐と言っても、その範囲はかなり広い。本会議場において、議長の隣に座り、本会議が円滑かつ問題なく進行するように、あるいは何らかのトラブルがあったときに議長がこれをうまく処理できるように補佐することは、目に見える形での典型的な補佐例だが、これに限定されない。議院運営委員会及び同理事会に常時出席し、本会議の運営等について委員長らの相談に与ることも、日常的な大事な職責である。また、この委員会は議長の諮問に応えることを所管の一つとしており、そこで、本会議の運営に限らず、議院全般の諸問題に関して、報告・説明し、その了承を得ることも少なくない。

衆議院本会議場で議長の隣に座る筆者（2017 年 1 月 20 日）

かつては、政治の面でも議長を補佐し、重要法案等の扱いで与野党がもめ、審議等が紛糾した際に、議長が斡旋したり裁定することを助けていた。幸い、筆者の時代には、時代の流れだろうか、こうした役割を求められることはほとんどなかった。

しかし、逆に、それまでになかったような形で議長を補佐することはあった。たとえば、二〇一四年に設けられた衆議院選挙制度調査会においては、途中からだが、自分が事務局長となり、その運営だけでなく、佐々木毅会長の答申とりまとめにも関与した。さらに、答申が大島理森議長に提出された後は、議長の命により、各党への説明等にもあたった。

それから、二〇一六年八月から具体化した天皇退位問題についても、大島議長からのさまざまな指示に法制局とともに対応し、その後立ち上がった衆参の正副議長が主宰する天皇退位等についての立法府の対応に関する会議も、衆参の事務局・法制局がサブ・ロジ両面で全面的にバックアップした。

こうした仕事は、従来にないもので、無論、そのときどきの議長の意向によるところ大だが、時代の流れに即した新機軸と言ってもいいかもしれない。

ところで、先ほども述べたように、事務総長は、本会議における選挙で選ばれる政治任命職であるため、一般の国家公務員とは違う待遇を受ける。一般職国家公務員に適用される国家公務員法はもちろん、その国会版とも言うべき国会職員法も、成年被後見人や懲役の刑に処せられ執行が終わらないといった欠格事項を除いては適用されず、たとえば、人事評価、政治的行為や兼職の禁止といったことも適用外である。また、定年退職もないし、任期もない。これには理由があり、総選挙ごとの任期とすると、選出にあたって、候補者がそのときどきの多数党に心を寄せるおそれが否定できないということで、党派にとらわれることなく公正に職務を果たせるよう身分保障したとされている。初代の事務総長となった大池眞は、事務総長に就任して五年を超え、現行憲法下で執行された三回目の衆議院議員総選挙後の特別会において、議員の改選を理由に辞表を提出した。そのときは、国会役員が選挙ごとに改選されることもあり、事務総長がその例外であってはならず、事務総長の立場を権威づけるためにも、新たな議会の構成分子から信任を受けるべきとして、本会議で一旦これを許可し、再選されたが、その後の二回の特別会では、出された辞表はいずれも議院運営委員会で撤回が求められた。しかし、それ以降の事務総長については、本人が適宜辞任を申し出、これを本会議で許可し、後任を議長指名で選出している。

事務総長が政治任命職であるため、不信任決議案が出されたこともある。これまで三回出されているが、いずれも政争にからんだものであった。

2 事務局の職責

国会には、衆議院、参議院、国立国会図書館、裁判官訴追委員会、裁判官弾劾裁判所の五機関がある。それぞれに事務局なり事務部門が設けられているが、衆議院と参議院には、さらに事務局と法制局がある。国会職員はおよそ三九〇〇名である。

国会職員は、行政府とは別個の試験体系で採用されるが、国会のそれぞれの機関もまた基本的に別個の採用となっている。

衆参の事務局の特徴として、行政府が全体として持つ機能を、コンパクトにした形でそれぞれ持っていると言っていい。つまり、建物の管理・営繕、警備、人事院的な仕事（たとえば、給与表の作成、採用試験、分限や服務）等を自前でやることになっているのである。無論、行政府の助けをかりなければならないことは少なくないが、形式には、事務局限りで完結しているのである。

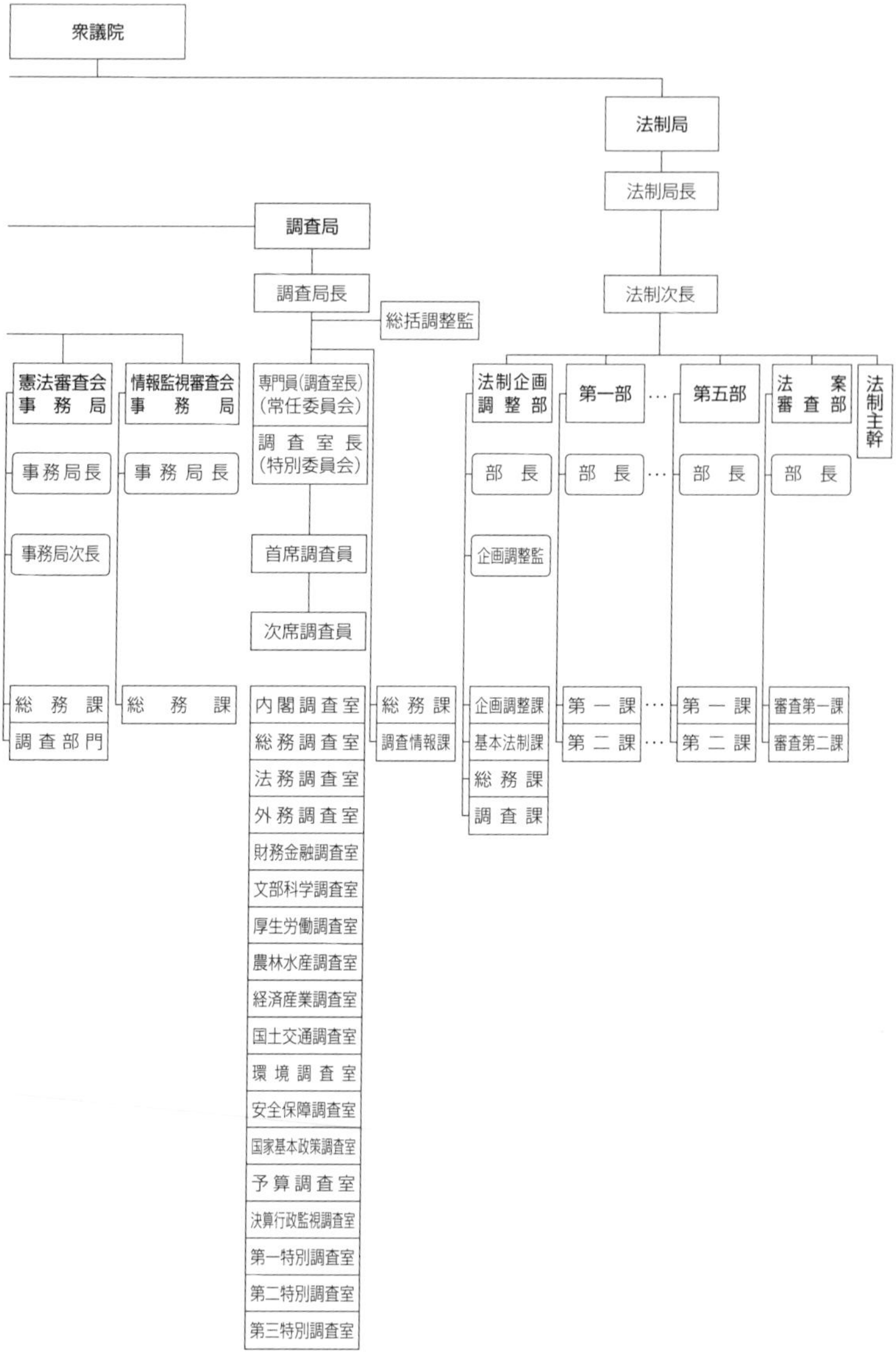
衆議院
法制局
法制局長
法制次長
法制企画調整部
部長
企画調整監
企画調整課
基本法制課
総務課
調査課
第一部
部長
第一課
第二課
第五部
部長
第一課
第二課
法案審査部
部長
審査第一課
審査第二課
法制主幹
調査局
調査局長
総括調整監
専門員(調査室長)(常任委員会)
調査室長(特別委員会)
首席調査員
次席調査員
内閣調査室
総務調査室
法務調査室
外務調査室
財務金融調査室
文部科学調査室
厚生労働調査室
農林水産調査室
経済産業調査室
国土交通調査室
環境調査室
安全保障調査室
国家基本政策調査室
予算調査室
決算行政監視調査室
第一特別調査室
第二特別調査室
第三特別調査室
総務課
調査情報課
憲法審査会事務局
事務局長
事務局次長
総務課
調査部門
情報監視審査会事務局
事務局長
総務課

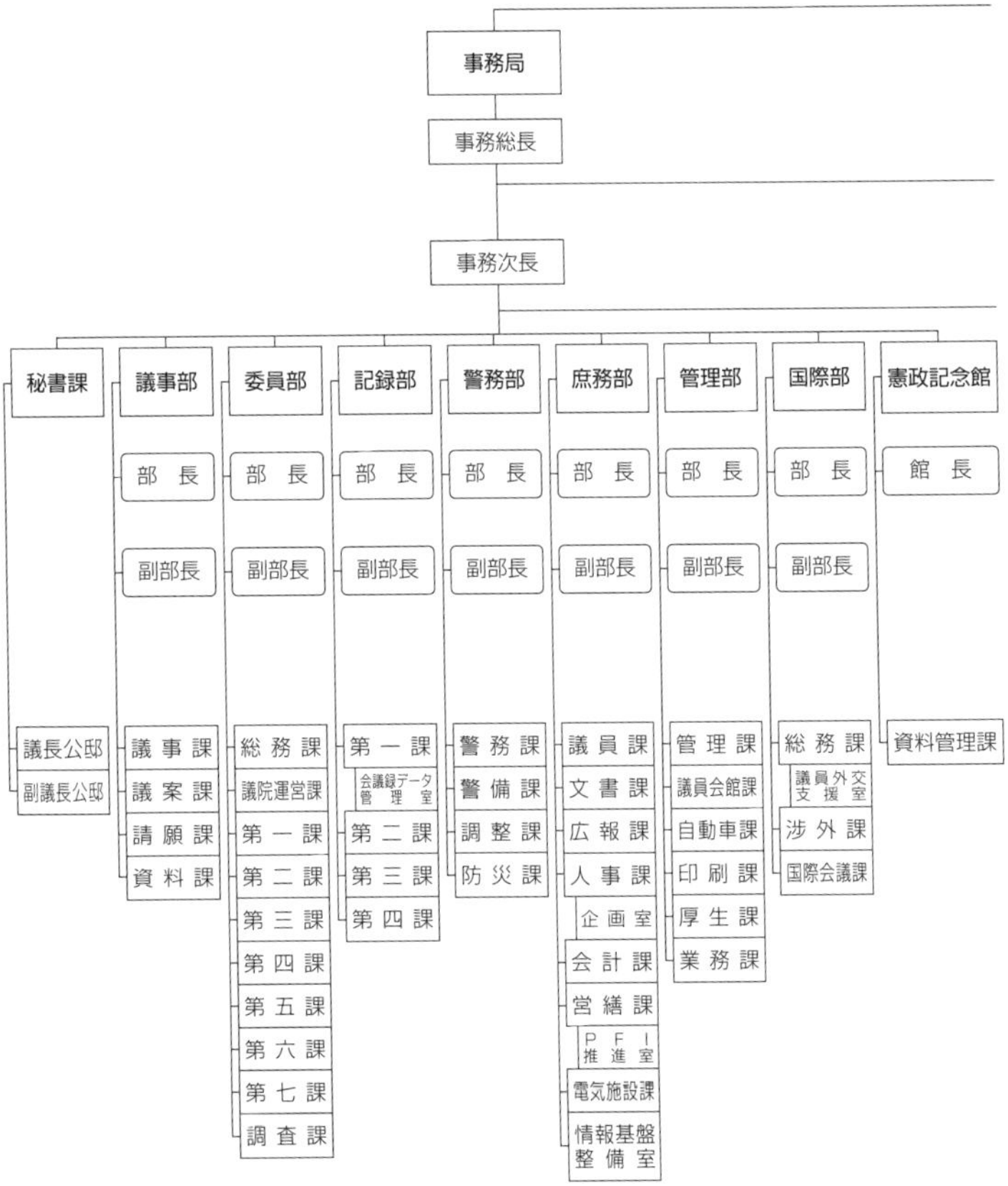

■図 2　衆議院機構図（2023 年度）

衆議院事務局の組織は図2のように、基本は、一局七部一館一課制である。部に準じて事務総長・事務次長に直属する秘書課、議事部、委員部、記録部、警務部、庶務部、管理部、国際部、憲政記念館、調査局である。なお、これ以外に、近年設けられたものとして、憲法審査会事務局や情報監視審査会事務局がある。

これらの所掌事務は、衆議院事務局事務分掌規程に詳しいが、大ざっぱに記述すると、秘書課は、正副議長らの秘書事務や議員の請暇や辞職等の事務を担当する。議事部は、本会議の運営を担う議事課を中心に、四課で構成されている。委員部は、委員会の運営を担当するが、総計一〇課の大所帯である。

記録部は、会議の速記を行い、会議録として残すことをその職務とする。警務部は、国会議事堂を中心として警察業務を行うが、国会参観も担当する。庶務部は、他省庁で言うと、総務部とか官房にあたるもので、人事課、会計課を中心に、議員の歳費や秘書給与を担当する議員課、文書の授受等の事務をつかさどる文書課等から構成される。管理部は、建物の管理・清掃や自動車の配車、職員の健康・厚生の事務等を担当する。国際部は、議員外交を担っている。憲政記念館は、憲政資料の収集、展示等を行い、調査局は、議員等から依頼される調査を行うことになっている。

長年事務局の中心となってきたのが、会議運営部門であるが、近年その力を増しているのが、この調査部門である。もともと新国会の発足とともに、少なくとも専門調査員二名と書記とを各常任委員会に配置することになったが、一九五五年に、専門員一人の下に複数の調査員を配する体制となり、その後調査員の人数を漸増し、調査体制を整備、強化してきた。

ただ、調査室はそれぞれが独立で、特にこれらを束ねて指揮するものがなかったため、ときに調査室同士の連携がうまくいかなかったこともあり、こうした欠点を補うべく、一九九八年に調査局が設けられた。なお、この設置には、一九九〇年代の政治改革の影響が大きいと言ってもいいだろう。政治改革は、各党が政策本位で競う状況を作り出すことを目的としたもので、具体的には、小選挙区制を導入するとともに、政策秘書や政党交付金の制度を創設するものであったが、これらの一連の動きの一つとして、議員の調査をより効率的、効果的に補助すべく、局を設けたのである。

そして、これと同時に、新たに予備的調査制度も発足させた。これは、委員会の法案審査や国政調査の下調査を調査局長もしくは法制局長に命じるもので、厳密な意味での国政調査ではないが、それを補完するものだと言っていい。委員会の議決もしくは四〇人以上の議員が議長に予備的調査要求書を提出し、議長が関係の委員会に送付し、その委員会が命令を発することで発動される。この制度の意義は、少数会派が実質的に国政調査に準じる調査ができることである。

事務局と並んで、法制局があり、これは現在七部からなる。議員立法の作成を助けるものであるが、内閣法制局と根本的に違うのは、内閣法制局がもっぱら各省庁から出された法案原案の法令審査だけを行うのに対し、衆参の法制局は、法令審査にとどまらず、議員の要望を聴取して、その希望に沿った法案を作成する点である。

3　外国議会への援助

二〇一三年に、中国が約三〇億円を援助して、マラウィの議会議事堂が造られたと聞く。その後、聞いたところでは、カンボジアやジンバブエでも、中国が議事堂建設を支援したらしい。筆者がかつて伊藤宗一郎議長の事務秘書だったとき、ギニア国会の議長が伊藤議長に対して、国会議事堂を造ってほしいと陳情したことがあった。このときは、そうした援助は外務省が担当しているので、外務省に話してほしいと議長が答えたことを覚えている。

このようなハコモノの援助を頼まれるのはあまりないが、我が国の国会の仕組みを教えてほしいというソフト面での援助依頼は案外多い。筆者も何度かこうした援助に関わってきた。その中で、もっとも印象深かったのが、一九九六年一月に、国際協力事業団（ＪＩＣＡ、現在の「国際協力機構」）が主催する各国議会に対する立法手続構築支援の短期派遣によって、ベトナムに我が国の政治状況や議会制度の説明に行ったことである。ベトナムからすれば、外国からの投資を呼び込むために、システムや法律等を整備するとともに、ベトナムも独裁ではない、ちゃんと手続きに則って何でも決める民主国家なのだと世界の人々に安心感を与えたいということでの依頼だったのだろう。我が国で一番協力しているのは法務省で、これまで民法典や民事訴訟法、民事執行法等の制定に大いに貢献してきている。担当者が勲章まで受章したと聞く。

衆議院では、筆者が初めてで、我が国国会の仕組み、立法過程、政党のあり方等を説明した。その後も同僚らがベトナムを訪問し、さまざまな分野に分けて、仕組み等を説明してきた。一時は、ハノイの我が国大使館に館員を送り込み、日常的にコンタクトを取って協力もした。法務省にはとても及ばないが、衆議院もそれなりに貢献してきたのではないかと自負している。

参考文献

青木康、一九九七『議員が選挙区を選ぶ』山川出版社。

飯田収治・中村幹雄・野田宣雄・望田幸男、一九六四a「ドイツ政党組織の史的考察（上）」『史林』四七巻五号。

飯田収治・中村幹雄・野田宣雄・望田幸男、一九六四b「ドイツ政党組織の史的考察（下）」『史林』四七巻六号。

石田博英、一九五二「法律と予算の関係について」『ジュリスト』一五〇号、有斐閣。

イーストン、D、一九七六『政治体系——政治学の状態への探究（第二版）』山川雄巳訳、ぺりかん社。

井上密述、刊行年不詳『大日本帝国憲法講義』京都合資商報会社。

岩井奉信、二〇〇二「与党審査を廃止せよ」『論座』二〇〇二年一月号、朝日新聞社。

大木操、一九八〇『激動の衆議院秘話』第一法規。

岡義武、一九四四「帝国議会の開設」『国家学会雑誌』五八巻一号。

岡山裕、二〇〇五『アメリカ二大政党制の確立——再建期における戦後体制の形成と共和党』東京大学出版会。

奥健太郎・清水唯一朗・濱本真輔編、二〇二四『政務調査会と日本の政党政治——一三〇年の軌跡』吉田書店。

上綱秀治、二〇二二「二〇二二年議会解散及び召集法の制定：イギリス」『外国の立法』二九二巻一号（二〇二二年七月）、国立国会図書館調査及び立法考査局。

清宮四郎、一九七一『憲法Ⅰ（新版）』有斐閣。

久保文明、二〇〇九「共和党保守化のメカニズム」五十嵐武士・久保文明編『アメリカ現代政治の構図——イデオロギー対立とそのゆくえ』東京大学出版会。

河野磐州伝刊行会、一九二三『河野磐州伝（下巻）』。

古賀豪・高澤美有紀、二〇一三「欧米主要国議会の会期制度」『調査と情報』七九七号、国立国会図書館。

国立国会図書館調査立法考査局、二〇一〇『主要国の議会制度』。

近藤申一、一九七〇『イギリス議会政治史（上）』敬文堂。

今野彧男、一九九六「一事不再議の原則の適用に関する考察」『議会政治研究』三九号。

桜井万里子、二〇〇五『ギリシア史』山川出版社。

桜井万里子・本村凌二、一九九七『ギリシアとローマ』（世界の歴史第五巻）中央公論社。

佐藤功、一九七四『日本国憲法概説（全訂新版）』学陽書房。

佐藤吉弘、一九九四『注解　参議院規則（新版）』参友会。

清水伸、一九四〇『帝国憲法制定会議』岩波書店。

衆議院警務部編、二〇〇七『国会議事堂ガイドブック』。

衆議院事務局編、二〇一七『国会議事堂新ガイドブック』。

衆議院事務局『委員会運営執務提要（その一）』。

上代庸平、二〇〇八「ドイツ議会制度の特色と現代的課題――ドイツ型二院制と会派議会」『論究』別冊一〇号（二〇〇八年九月）、衆議院調査局。

鈴木隆夫、一九五三『国会運営の理論』聯合出版社。

田口弼一、一九三一『帝国議会の話』啓成社。

ダール、R・A、一九九九『現代政治分析』高畠通敏訳、岩波書店。

内閣法制局、一八九〇『英国衆議院先例類集（全）』。

苗村辰弥、一九九四a「基本法と会派（一）：ドイツにおける「会派議会」を巡る憲法上の諸問題」『法政研究』六一巻一号。

苗村辰弥、一九九四b 「基本法と会派（二・完）：ドイツにおける「会派議会」を巡る憲法上の諸問題」『法政研究』六一巻二号。

中村泰男、一九九二 『アメリカ連邦議会論』勁草書房。

西沢哲四郎述、一九五九 『国会法立案過程におけるGHQとの関係』憲法調査会事務局。

春田国男、一九八七 『日本国会事始』日本評論社。

廣瀬淳子、二〇一四 「アメリカ連邦議会上院改革の課題――フィリバスターの改革」『レファレンス』二〇一四年三月号、国立国会図書館。

マイヤーズ、A・R、一九九六 『中世ヨーロッパの身分制議会――新しいヨーロッパ像の試みⅡ』宮島直機訳、刀水書房。

前尾繁三郎、一九七四 『政の心』毎日新聞社。

前田英昭、一九九〇 『エピソードで綴る国会の一〇〇年――明治・大正・昭和・平成』原書房。

前田英昭、一九九二 「国会審議と議事妨害」『議会政治研究』二三号。

マッケンジー、K・R、一九七七 『イギリス議会――その歴史的考察』福田三郎監訳、敬文堂。

松澤浩一、一九八七 『議会法』ぎょうせい。

向大野新治、二〇〇五 「国家基本政策委員会創設の経緯とその将来像」中村睦男・大石眞編『立法の実務と理論』信山社。

向大野新治、二〇〇六 「議案事前審査制度の通説に誤りあり」『議会政治研究』八〇号（二〇〇六年一二月）。

村上英明、一九八〇 「会期不継続の原則」『九大法学』四〇号。

本野一郎述・石河恒治記、一八九六 『帝国憲法講義』和佛法律学校第一期講義録。

モンテスキュー、一九八九『法の精神（上）』野田良之他訳、岩波文庫。

読売新聞解説部、一九七八『国会おもて裏』読売新聞社。


時事新報。

朝野新聞。

東京朝日新聞。

東京日日新聞。

福岡日日新聞。

毎日新聞。

郵便報知新聞。

読売新聞。


「ロエスレル氏議会解散後召集新議会会期ニ関スル答議」『近代日本法制史料集　第七巻』（國學院大學日本文化研究所、一九八五）。

「議会解散後ノ問議」一九七〇『帝国議会資料（下）』（原書房）。

「衆議院解散ヲ命ジタル日ヨリ五箇月以内ニ召集セラルル所ノ議会ノ性質疑問」『帝国議会資料（下）』（原書房、一九七〇）。

『自第一回議会 至第七四回議会　貴族院先例録』。

『昭和一七年一二月改訂　衆議院先例彙纂（上巻）』。

『平成二九年版　衆議院先例集』。

『平成二五年版　参議院先例録』。

Biffen, John, 1989, *Inside the House of Commons: Behind the Scenes at Westminster,* Grafton Books.

Blackburn, Robert, 1990, *The Meeting of Parliament,* Dartmouth Publishing Co. Ltd.

Graves, Michael A. R., 1990, *Early Tudor Parliaments 1485-1558,* Longman.

Kingdom, John, 1991, *Government & Politics in Britain*, Polity Press.

May, Erskine, 2004, *Parliamentary Practice,* Twenty-third edition, Lexis Nexis.

Fact Sheet, 21, イギリス議会下院広報局（1992）.

【な行】

【は行】

【ま行】

【ら行】

【た行】

事項索引

※本書に頻出する「議会」「議員」などは索引の対象から除外した。

【あ行】

【か行】

【さ行】

【ま行】

【や行】

【ら行】

【わ行】

【さ行】

【た行】

【な行】

【は行】

人名索引

【あ行】

【か行】

著者紹介

向大野 新治（むこおおの・しんじ）

1956年生まれ。1981年東京大学法学部卒業、衆議院事務局入局。裁判官訴追委員会事務局長、委員部長、庶務部長、議事部長、管理部長、警務部長、憲政記念館長、事務次長等を歴任し、事務総長。退任後は学習院大学で教鞭をとる。

主な著書に、『衆議院――そのシステムとメカニズム』（東信堂、2002年）、『政治の考え方』（きんざい、2012年）、『立法の実務と理論』（共著、信山社、2005年）、『ゼミナール　現代日本政治』（共著、日本経済新聞出版社、2011年）など。

議会学　[増補普及版]

2018年4月16日　初版第1刷発行
2024年7月16日　増補普及版第1刷発行

著　者　向大野新治
発行者　吉田真也
発行所　合同会社 吉田書店

102-0072　東京都千代田区飯田橋2-9-6 東西館ビル本館32
TEL：03-6272-9172　FAX：03-6272-9173
http://www.yoshidapublishing.com/

装幀　野田和浩　　印刷・製本　藤原印刷株式会社
DTP　閏月社

定価はカバーに表示してあります。

ISBN978-4-910590-22-6